U0773083

书名题字

饶宗颐

国 学 大 师

典藏本

山湖纪人编著

中華聖賢經

海天出版社 · 深圳

图书在版编目（CIP）数据

中华圣贤经：典藏本 / 山湖纪人编著. —深圳：
海天出版社, 2020.9

ISBN 978-7-5507-2927-8

Ⅰ. ①中… Ⅱ. ①山… Ⅲ. ①名句—汇编—中国—古
代 Ⅳ. ①H136.3

中国版本图书馆CIP数据核字(2020)第101662号

中华圣贤经 典藏本
ZHONGHUA SHENGXIANJING DIANCANG BEN

出 品 人	聂雄前
书名题字	饶宗颐
责任编辑	陈　丹
	吴浩帆
责任技编	梁立新
责任校对	万妮霞
装帧设计	斯迈德设计 0755-83144228

出版发行　海天出版社
地　　址　深圳市彩田南路海天大厦（518033）
网　　址　www.htph.com.cn
订购电话　0755-83460239（邮购、团购）
排版制作　深圳市斯迈德设计企划有限公司（0755-83144228）
印　　刷　深圳市华信图文印务有限公司
开　　本　889毫米×1194毫米　1/48开
印　　张　4.58
字　　数　60千
版　　次　2020年9月第8版
印　　次　2020年9月第1次
定　　价　22.00元

典藏本前言

《中华圣贤经》首版于2005年5月面世，后相继出版了增订本、释义本等，至今正好15周年。幸运的是，这个小本本一直备受读者追捧，总销量达80万册，成为海天出版社的畅销书、常销书，获得过全国优秀畅销书奖、全国城市出版社优秀图书一等奖、广东省优秀图书奖等多个奖项。感谢海天出版社编校、印发人员的辛勤付出，感恩读者的垂青厚爱！

中华文化博大精深、源远流长，是每一位华人修齐治平的内核和基石。作为"劝世劝善劝学"（国学大师饶宗颐先生的评语）之小读本，《中华圣贤经》以先贤圣哲的智言慧语、劳动大众的俚谚俗语，褒扬人性的光辉、激励民众向善向上，拷问人性的丑恶、鞭挞丑陋的灵魂，通俗易懂，诙谐有趣，句句大实话，字字堪入心——这恐怕是它成功的一个重要因子。

在《中华圣贤经》面世15周年之际，编辑提议出版精编典藏本，既回馈广大读者，又助力文化复兴，我欣然应允。

本着弘扬中华传统文化、营造和谐社会氛围、提升道德情操境界、滋养人生幸福生活的初心，在保持增订本核心内容、风格品位的前提下，我对全书内容作了增删修订，希望新版《中华圣贤经》对大家更有裨益。

山湖纪人

庚子年夏初

初版前言

中国是历史悠久的文明古国。数千年来，广大劳动群众在生活、生产实践中提炼出许多富有警世意味的俚谚俗语，历代贤哲圣人则在他们的著作中留下了无数启人心智的名言佳句。《中华圣贤经》就是这样一本富有启迪性和哲理性，知识层面宽广，寓意深长的俚谚俗语、名言佳句之集成。它既是中华儿女世世代代处世智慧的结晶，又是中华民族优秀传统文化的精粹，更是每一位华人凭理处事、居官从政、治家劝学、待人接物、修身养性必备的圣经。

《中华圣贤经》仿照《增广贤文》编纂，据《中华韵典》(盖国梁主编)依韵归类。牢记以人为本，建设和谐社会，传承优秀文化，劝世劝善劝学，是编著者之用心。

产生和流行于不同时代的佳句俗语，必然打上了那个时代的印记，其局限性自不能免。阅读时，读者应加以鉴别，批判继承，扬弃吸收。

山湖纪人

乙酉年夏初

古今贤文，诲汝谆谆。集韵增广，多见多闻。观今鉴古，无古无今。与时俱进，开拓创新。

知己知彼，将心比心。从善如流，真言如金。不受好心，不是知音。兰风梅骨，剑胆琴心。善根福德，天道酬勤。非上上智，无了了心。行要好伴，住要好邻。千金买宅，八百买邻。人急投亲，鸟急投林。穷找穷亲，富找富邻。一言九鼎，一字千金。千槌打锣，一槌定音。居丰行俭，在富能贫。致富思源，富而思进。火要空心，人要虚心。饭多伤胃，话多伤心。小时偷针，大时偷金。逢强智取，遇弱活擒。

群居守口，独坐防心。扬汤止沸，莫若去薪。听书长智，看戏乱心。欲治其国，先齐其家；欲修其身，先正其心。山不厌高，水不厌深，周公吐哺，天下归心。善与人交，久而能敬，过则相规，言而有信。读圣贤书，行仁义事，立齐家志，存忠孝心。植树造林，空气清新；绿化大地，润化人心。云山风度，松柏精神，良操美德，玉品金心。

路遥知马力，日久见人心。疾风知劲草，烈火见真金。是草都有根，是话都有因。吃饭品滋味，听话听下音。钱财如粪土，仁义值千金。损友敬而远，益友近而亲。不怕虎生翼，就怕人变心。盛世藏古董，乱世囤黄金。无病休嫌瘦，家安莫怨贫。酒逢知己饮，诗向会人吟。再三须重事，第一莫欺心。宁忍自己气，莫伤父母心。人心换人心，八两换半斤。道高龙虎伏，德高鬼神钦。打不断的亲，骂不断的邻。运去金成铁，时来铁似金。生死不由命，富贵全在勤。少若不刻苦，老来必艰辛。人事有代谢，往来成古今。近水知鱼性，近山识鸟音。久在江边站，必有望海心。以文常会友，唯德自成邻。有品德不贱，有学问不贫。千里不欺孤，独木不成林。独行不愧影，独寝不愧衾。何必丝和竹，山水有清音。不俗即仙骨，多情乃佛心。烽火连三月，家书抵万金。欺山莫欺水，欺人莫欺心。浇花要浇根，交人要交心。海内存知己，天涯若比邻。生无一锥土，常有四海心。

丈夫志四海，万里犹比邻。交友无贫富，情义重千金。认理不认人，帮理不帮亲。白酒红人面，黄金黑人心。若知牢狱苦，便发菩提心。虎身犹可近，人毒不堪亲。篱笆扎得紧，野狗钻不进。救烦无若静，补拙莫如勤。让人非我弱，得志莫离群。善政得民财，善教得民心。无本休言利，有货不愁贫。知足而不贪，知节而不淫。同欲者相憎，同忧者相亲。官清民接近，主雅客来勤。人因求知瘦，家为买书贫。床上书连屋，阶前树拂云。读书须用意，一字值千金。人皆因禄富，我独以官贫。伴君如伴虎，刻刻要当心。从来名利地，易起是非心。是亲不是亲，非亲却是亲，三年不上门，当亲也不亲。大海波涛浅，小人方寸深，海枯终见底，人死不知心。富贵不能淫，贫贱不能移，威武不能屈，权势不能侵。一勤交十懒，不懒也要懒；一懒交十勤，不勤也要勤。仰无愧于天，俯无愧于地，行无愧于人，止无愧于心。

做事须循天理，出言要顺人心。岂能尽如人意，但求无愧我心。论起荣华富贵，原是过眼烟云。世事短如春梦，人情薄似秋云。家怕先富后贫，政怕先宽后紧。交友之先宜察，交友之后宜信。秤砣小压千斤，辣椒小辣人心。黄连树根盘根，穷苦人心连心。远水难救近火，远亲不如近邻。人无酬天之力，天有养人之心。不阿谀以苟合，不谄媚以求亲。夫妻相敬如宾，不愁家中无金。居家不得不俭，创业不得不勤。省官不如省事，省事不如清心。家丑不可外扬，流言切莫轻信。

君子之交淡如水，小人之交酒肉亲。人情似纸张张薄，世事如棋局局新。易涨易退山溪水，易反易覆小人心。画虎画皮难画骨，知人知面不知心。疯狗身上没好肉，坏人肚里没良心。人间岁月闲难得，天下知交老更亲。休将我语同他语，未必他心似我心。逢人且说三分话，未可全抛一片心。看破世事惊破胆，识透人情寒透心。北邙荒冢无贫富，玉垒浮云变古今。当官避事平生耻，视死如归社稷心。随时莫起趋时念，脱俗休存矫俗心。水持杖探知深浅，人用财交便见心。亏心折尽平生福，行短天教一世贫。

莫愁前路无知己，天下谁人不识君。

相逢好似初相识，到老终无怨恨心。

春宵一刻值千金，花有清香月有阴。

独在异乡为异客，每逢佳节倍思亲。

贫居闹市无人问，富在深山有远亲。

马行无力皆因瘦，人不风流只为贫。

贫无可奈惟求俭，拙亦何妨只要勤。

为人本分守清贫，不义之财不可亲。

一腔正气心无憾，万卷藏书我不贫。

男儿膝下有黄金，只跪天地和双亲。

立定脚跟撑起脊，展开眼界放平心。

世上莫过手足情，打断骨头连着筋。

有意栽花花不发，无心插柳柳成荫。

好花偏逢三更雨，明月忽来万里云。

垂头自惜千金骨，伏枥仍存万里心。

但愿有头生白发，何忧无地觅黄金。

少年读书不用心，老来方知书是金。

熟读唐诗三百首，不会作诗也会吟。

曾经沧海难为水，除却巫山不是云。

有酒大家喝才香，有话当面说才亲。

不学灯笼千个眼，只学蜡烛一条心。

岂无远道思亲泪，不及高堂念子心。

有酒有肉接远亲，风发火起要近邻。

好事尽从难处得，成功莫向易中寻。

不是有钱能买命，应知无药可医贫。

有实事求是之意，无哗众取宠之心。

心不知近苦知近，人不知亲穷知亲。

看似寻常最奇崛，成如容易却艰辛。

雨后始知山色翠，事难方见丈夫心。

流水下滩非有意，白云出岫本无心。

江河不洗今古恨，天地能知忠义心。

积金玉莫如积德，问富贵只须问心。

自从盘古开天地，三皇五帝到于今。

一寸光阴一寸金，寸金难买寸光阴，

寸金使尽金还在，过去光阴哪里寻。

事要成功须尽力，学无止境在虚心。

溺爱并非对子亲，严教才是真关心。

种花须知百花异，育人要懂百人心。

日月两轮天地眼，诗书万卷圣贤心。

位卑未敢忘忧国，官高更要为人民。

文章似水清无玷，气节如松直有心。

但愿苍生俱饱暖，不辞辛苦出山林。

人生哪能都如意，万事只求半称心。

进退两难心问口，三思忍耐口问心。

欲论古来兴废事，须平自己是非心。

无易事自无难事，能虚心方能宽心。

世虽有侥幸之事，人莫存侥幸之心。

千淘万漉虽辛苦，吹尽狂沙始到金。

力到处常行好事，力欠处常存好心。

一年之计在于春，一日之计在于晨，

一家之计在于和，一生之计在于勤。

千人安岂怕己身累，万家富何患自家贫。好学者则庶民之子为公卿，不学者则公卿之子为庶民。入安乐场，当体患难人景况；处旁观地，务悉局内人苦心。做几件可传之事，消磨岁月；会几个有识之人，论说古今。风声雨声读书声，声声入耳；家事国事天下事，事事关心。贫贱骄人，虽涉虚矫，还有几分侠气；奸雄欺世，纵似挥霍，全无半点真心。

风声雨声读书声 声声入耳

家事国事天下事 事事关心

不做贼，心不惊；不吃鱼，嘴不腥。常运动，浑身轻；不运动，易生病。井越掏，水越清；事越摆，理越明。爱人者，人恒爱；敬人者，人恒敬。

山不在高，有仙则名；水不在深，有龙则灵。书不在厚，有味则馨；言不在多，醒世则经。山静养性，水动慰情。落花有意，流水无情。春风解冻，和气消冰。物华天宝，人杰地灵。闻鸡起舞，跃马请缨。兵马未动，粮草先行。政通人和，百废俱兴。时间无私，历史无情。赠必固辞，求无不应。大酒乱性，小酒怡情。本源秽者，文不能净。前无粮草，后无救兵。战战兢兢，如履薄冰。福无双至，祸不单行。才以气雄，品由心定。人有同貌，物有同形。众口难辩，孤掌难鸣。
石闲生苔，人闲生病。生男好听，
生女好命。倒持干戈，授人以柄。
先文后武，先礼后兵。行义忘利，
修德忘名。进不失廉，退不失行。
见势莫趋，见威不惊。见利思义，
见危受命。蛇行无声，奸计无影。
传言失指，图影失形。刑在禁恶，
理顺人情。杀人者死，伤人者刑。
知雄守雌，致虚守静。知人者智，
自知者明。心诚则灵，意实则应。
六神不定，总会有病。君子安贫，
达人知命。民为邦本，本固邦宁。
安居饱食，天下太平。生不更名，
死不改姓。人非草木，谁能无情。
忠贤事君，必谏君失；奸佞事主，
必顺主情。看山心静，看湖心清，

看天心宽，看星心明。在官唯明，莅事唯平，独处唯慎，立身唯清。一毛不拔，一钱如命，两脚一伸，干干净净。一叶蔽目，不见泰山，两豆塞耳，不闻雷霆。好讼之人，多致终凶；积善之家，必有余庆。众人重利，廉士重名，贤人尚志，圣人贵精。发上等愿，结中等缘，享下等福；择高处立，就平处坐，向宽处行。

水是故乡清，月是故乡明。天意怜幽草，人间重晚晴。意随无事适，风逐自然清。进为天下利，退有百世名。明知山有虎，偏向虎山行。英雄不失路，何以成功名。生命有终结，学习无止境。有书真富贵，无官一身轻。知足千般乐，家和万事兴。自得山中趣，谁论世上名。平生五字律，头白不贪名。读书能见道，入世不求名。谈笑有鸿儒，往来无白丁。后达多晚荣，速得多疾倾。乡亲遇乡亲，说话真好听。同遮不同柄，同人不同命。兔死因毛贵，龟亡为壳灵。保生者寡欲，保身者避名。大意失荆州，骄傲失街亭。长衫有人穿，长话无人听。读书患不多，思义患不明。为人尚正直，处事贵公平。民事要务实，官事须辨明。欺老莫欺少，欺少心不明。邪人无正论，公议总私情。秀才遇到兵，有理讲不清。三天不吃青，两眼冒金星。不怕肚不饱，只怕气不平。亲戚明算账，父子钱财清。有理不私亲，执法不容情。发少嫌梳利，颜衰恨镜明。物有所不足，智有所不明。家和万事兴，家衰吵不停。

宁可一不是，不可两无情。人有心头病，猫叫也心惊。雷打三世冤，善恶自分明。好看千里客，万里去传名。好铁要打钉，好男要当兵。虎父无犬子，强将无弱兵。先处理心情，后处理事情。心平一身轻，气和万事宁。气是无名火，忍是敌灾星。量小名利重，心宽财物轻。志从肥甘丧，心从淡泊明。从官重恭慎，立身贵廉明。击水鱼头痛，穿林宿鸟惊。一日动干戈，十年不太平。当堂不让父，举手不留情。性急嫌路远，心闲路自平。与其坐着说，何如起来行。有风方起浪，无潮水自平。世路由它险，居心任我平。路不铲不平，事不为不成，人不劝不善，钟不敲不鸣。晴天带雨伞，饱肚存饥粮，未渴先掘井，补漏趁天晴。三分天注定,七分靠搏拼,人生无定数,爱拼才会赢。

有理走遍天下,无理寸步难行。前留三步好走,后留三步好行。只要自己上进,不怕别人看轻。早晚时价不同,目下一言为定。至博而约于精,深思而敏于行。受训不如顺情,恭敬不如从命。毒蛇总是曲走,螃蟹总是横行。浑水越澄越清,是非越辩越明。人逢利处难逃,心到贪时最硬。酒醉总有一醒,财迷永无止境。声无小而不闻,行无隐而不形。聪者听于无声,明者见于未形。能脱俗便是奇,不合污便是清。锄头能壮筋骨,汗水能治百病。蝼蚁尚且贪生,为人岂不惜命。创业就创干净,休与子孙留病。时间就是金钱,效率就是生命。

利刀难断东流水，天涯难隔故乡情。为人莫做亏心事，半夜敲门心不惊。知恩不报非君子，万古千秋作骂名。世事静观知曲折，人心甘苦见交情。浮名浮利过于酒，醉得人心死不醒。马放南山好吃草，人入公门宜修行。苦辣酸甜皆自品，是非功过任人评。历尽宦海三尺浪，始觉无官一身轻。阅尽人情知纸厚，踏穿世路觉山平。天上星多月不明，世上官多不太平。周郎妙计安天下，赔了夫人又折兵。菩萨全由活人造，神灵尽是愚人敬，若是敬神能富贵，世上应无穷苦命。古人学问无遗力，少壮功夫老始成，纸上得来终觉浅，绝知此事要躬行。莲出淤泥而不染，竹经霜雪而更青。举世皆浊我独清，众人皆醉我独醒。

只有和气去迎人，哪有相打得太平。

忠厚自有忠厚报，豪强一定受官刑。

近寺人家不重僧，远来和尚好看经。

鹦鹉前头休多语，小人身边须慎行。

当初只道一不是，如今却是两无情。

有什么不要有病，没什么不要没命。

良药苦口利于病，忠言逆耳利于行。

人人有好唱的曲，家家有难念的经。

白布落在染缸内，黄河之水洗不清。

文官把笔安天下，武将持刀定太平。

诗堪入画方称妙，官到能贫即是清。

英雄到老皆归佛，宿将还山不论兵。

腹有诗书气自华，面无惭色去留轻。

效梅傲霜休傲友，学竹虚心莫虚情。

春随芳草千年艳，人与梅花一样清。

学了就用处处行，光学不用等于零。

处处留心皆学问，时时学习长本领。

精神到处文章老，学问深时意气平。

打虎还得亲兄弟，上阵须教父子兵。

知难而进方志士，知耻后勇更前行。

言可省时休便说，步宜留处莫胡行。

曾参岂是杀人者，谗言三报慈母惊。

蜡烛有心还惜别，替人垂泪到天明。

相思相见知何日，此时此夜难为情。

东边日出西边雨，道是无晴却有晴。

松敢凌霜因骨硬，梅能傲雪在心清。

无限朱门生饿殍，几多白屋出公卿。

吃菜根淡中有味，守法纪梦里无惊。

穷时要有穷志气，富时没有富毛病。

做事必须踏实地，为人切莫图虚名。

不做温室里花朵，要学风雨中雄鹰。

不看僧面看佛面，不看鱼情看水情。

结君子千年有义，交小人转眼无情。

世间富贵应无分，身后文章合有名。

退一步天高地阔，让三分柳暗花明。人生自古谁无死，留取丹心照汗青。

　　理还理，情还情，是非黑白要分明。毋私小惠而伤大体，毋借公论而快私情。护体面不如重廉耻，求医药不如养性情。观书要能自出见解，处世无过善体人情。一人之智，不如众人之愚；一目之察，不如众目之明。蚍蜉撼树，愚在不自量力；吾人修身，贵有自知之明。沧海横流，方显英雄本色；大浪淘沙，才见壮志豪情。咬定一两句书，终身得益；栽成六七竿竹，四壁皆清。

周郎妙计安天下　赔了夫人又折兵

吃苦菜，莫吃根；交朋友，莫忘恩。美不美，乡中水；亲不亲，故乡人。酒乱性，色败真；财致命，气伤身。说好话，存好心，行好事，近好人。

人生一世，草木一春。来如风雨，去似微尘。万丈高山，起自微尘。十年树木，百年树人。人人为我，我为人人。闹里寻钱，静处安身。粗饭养人，粗活益身。侠心交友，素心做人。入世做事，出世做人。利令智昏，灾祸随身。义动君子，利诱小人。欲多伤神，财多累身。神闲气静，智深勇沉。披麻救火，惹焰烧身。燃烧自己，照亮别人。尺蠖之屈，将以求伸。挫锐解纷，和光同尘。牙以刚折，舌以柔存。千死敢当，一饥难忍。借债要忍，还债要狠。以子之矛，攻子之盾。天道无亲，常与善人。物竞天择，适者生存。莫忘久德，不思久恨。金无足赤，人无完人。不能正己，安能化人。勇士责己，懦夫怨人。功不独居，过不推人。为老不尊，教坏子孙。天地为大，亲师为尊。天要下雨，娘要嫁人。劳于读书，逸于作文。敏而好学，不耻下问。束书不观，游谈无根。独学无友，孤陋寡闻。欲成大事，必有小忍。谨慎从事，低调做人。既明且哲，以保其身。起家之子，惜粪如金，败家之子，弃金如粪。人不犯我，我不犯人；人若犯我，我必犯人。此鸟不飞，一飞冲天；此鸟不鸣，一鸣惊人。游谈损德，多言伤神，如其不悛，误己误人。己所不欲，勿施于人；己之所欲，慎施于人。

相识满天下，知心能几人。来说是非者，便是是非人。山中有直树，世上无直人。莫信直中直，须防仁不仁。隔墙须有耳，窗外岂无人。人言未必真，听话听三分。力微休负重，言轻莫劝人。宁为太平犬，莫做乱世人。宁可人负我，切莫我负人。宁肯不识字，不可不识人。为人忠信烈，交友仁义真。竖起招军旗，就有吃粮人。只有人脏水，没有水脏人。厚德可载物，拙诚可信人。为人但知足，何处不安身。事多累自己，田多养众人。蝎子尾后针，最毒负心人。不是一家人，不进一家门。立德齐今古，藏书教子孙。文情不厌新，交情不厌陈。财不如义高，势不如德尊。上不欺星辰，下不欺鬼神。好话传三人，有头少了身；坏话传三人，有叶又有根。平路跌死马，浅水溺死人。莫笑无危道，虽平更陷人。我观人间世，无如醉中真。吃得苦中苦，方为人上人。望山跑死马，指赈饿死人。相见易得好，久住难为人。时来逢好友，运去遇佳人。烈士让千乘，贪夫争一文。无理需省己，得理且饶人。见允是人情，不允是本分。雄心志四海，万里望风尘。国破山河在，城春草木深。家贫出孝子，国难显忠臣。但令身未死，随力报乾坤。生有益于世，死不害于人。何以报知音，永存坚与贞。读书破万卷，下笔如有神。笔落惊风雨，诗成泣鬼神。师傅领进门，修行在个人。饮水要思源，为人莫忘本。知恩不报恩，枉为世上人。忘功不忘过，忘怨不忘恩。剑诛无义汉，金赠有恩人。木偶能跳动，自有提线人。蚊虫遭扇打，只为嘴伤人。长短是根绳，大小是个人。以自然之道，养自然之身。养天地正气，法古今完人。开口神气散，闭目养精神。逸致多忠臣，劳政多乱人。遍身罗绮者，不是养蚕人。不怕脑筋笨，只怕不勤奋。世上无难事，只怕有心人。刻薄不赚钱，忠厚不折本。常说口齿顺，常做手不笨。只要功夫深，铁杵磨成针。千里能相会，必是有缘人。不怕文人俗，就怕俗人文。食古唯能化，传心定有真。士者国之宝，儒为席上珍。量大福也大，机深祸亦深。一生不出门，终究是小人。君子求诸己，小人求诸人。成人不自在，自在不成人。千里送鹅毛，物轻情义深。若要断酒法，醒眼看醉人。客来主不顾，应恐是痴人。褒贬是买主，喝彩是闲人。事上当谨慎，待下宜宽仁。志高山峰矮，路从脚下伸。莫道君行早，更有早行人。两人一条心，有钱堪买金；一人一条心，无钱堪买针。拿鱼先拿头，刨树先刨根。树高千百丈，叶落要归根。忧愁令人老，纵欲必伤身。体壮人欺病，体弱病欺人。邪不能胜正，假不能当真。药医不死病，佛度有缘人。真人不露相，露相非真人。既在江湖内，都是苦命人。

责人之心责己，恕己之心恕人。求个良心管我，留些余地处人。救寒莫如重裘，止谤莫如修身。威柄不以放下，利器不可假人。宁可明枪交战，不可暗箭伤人。谗言败坏君子，冷箭射死忠臣。宝剑赠予烈士，红粉送与佳人。世事有常有变，英雄能屈能伸。怀既往而不咎，指将来而骏奔。人穷当街卖艺，虎饿拦路伤人。茶喝多了养性，酒饮多了伤身。祸在于贪小利，害在于亲小人。宁可贫贱一生，不可为富不仁。宁可得罪忙人，不可得罪闲人。宁可得罪君子，切莫得罪小人。下情难于上达，君子不耻下问。安得民情常达，唯恐己过不闻。好马走路平稳，好人做事坚韧。读书当求甚解，做事务必认真。德胜才为君子，才胜德为小人。君子当权造福，小人仗势欺人。知识在于积累，天才出于勤奋。大着肚皮容物，立定脚跟做人。清清白白处世，认认真真读书，兢兢业业干事，堂堂正正做人。

有酒有肉多兄弟，急难何曾见一人。劝君更尽一杯酒，西出阳关无故人。相逢不饮空归去，洞口桃花也笑人。一失足成千古恨，再回头已百年身。相逢尽道休官好，林下何曾见一人。人生结交在终始，莫为升沉中路分。处世须防开口错，交人只要到头真。谁人背后无人说，哪个人前不说人。但教方寸无诸恶，豺狼丛中也立身。梅开二度为争春，人活一世为报恩。在家不会迎宾客，出外方知少主人。过目之事犹有假，背后之言未必真。花如解语应多事，石不能言最可人。山中也有千年树，世上难逢百岁人。莺花犹怕春光老，岂可教人枉度春。但愿世间人无病，何愁架上药生尘。量大能消千年怨，德高常记一滴恩。成人之美真君子，嫉贤妒能是小人。见火不灭火烧身，见蛇不打蛇咬人。当时若不登高望，谁识东流海样深。树大招风风撼树，人为高名名丧人。益我财者损我神，生我名者杀我身。功名今古一鸡肋，美味哪知是祸根。健健康康乃为福，平平淡淡才是真。人道洛阳花似锦，偏我来时不遇春。吾观自古贤达人，功成不退皆殒身。但教名利休缰锁，心地何时不是春。事不能办得太绝，话不能说得太损。话到舌尖留半句，事从礼上让三分。举手不打无娘子，开口不骂赔礼人。

山高自有客行路，水深自有渡船人。

寒天不冻勤织女，饥年不饿苦耕人。

马上摔死英雄汉，河中淹死会水人。

长江后浪推前浪，世上新人赶旧人。

学习好比敲钉子，又挤又钻步步深。

让饮酒时就饮酒，得饶人处且饶人。

艰难困苦塑俊杰，忧怨悲愤出诗人。

卧薪尝胆磨意志，风霜雨雪炼精神。

能受苦方为志士，肯吃亏不是痴人。

勿以小嫌疏于戚，不以新怨忘旧恩。

勿为私利伤天理，不昧良心陷害人。

欲除烦恼须无我，历尽艰难好做人。

修身岂为名传世，做事唯思利及人。

读书岂是求身价，学剑须当壮国魂。

若有余力行好事，贡献社会造福人。

一生快乐皆庸富，万种艰辛出伟人。

持家有道唯忠厚，处世无奇但率真。

话须通俗方传远，语必关风始动人。

近水楼台先得月，向阳花木早逢春。

憔悴皆因心绪乱，从来忧虑最伤神。

世如阅水应堪叹，名是浮云岂足论。

古人不见今时月，今月曾经照古人。

东方风来满眼春，花城柳暗愁杀人。

梅花欢喜漫天雪，骏马奔驰一路春。

眼上戴着墨色镜，瞧着世间尽黑人。

多读古书开眼界，少管闲事养精神。

莫做亏心侥幸事，自然灾祸不近身。

岁岁叶飞还有叶，年年人去更无人。

一夜夫妻百日恩，百日夫妻似海深。

甜不过少年夫妻，苦不过鳏寡老人。

当家才知盐米贵，养子方知父母恩。

家中父母是活佛，何用灵山朝世尊。

须知作善还酬善，莫道无神却有神。

心病终须心药治，解铃还得系铃人。

世人结交须黄金，黄金不多交不深。

不信但看筵中酒，杯杯先敬有钱人。

诗书是觉世之师，忠孝是立身之本。

不会烧香得罪神，不会说话得罪人。

观棋不语真君子，把酒多言是小人。

君子乐得做君子，小人枉自做小人。

我自横刀向天笑，去留肝胆两昆仑。

诗书非药能医俗，道德无根可树人。

苦中有乐求学路，难上生欢读书人。

文章自得方为贵，衣钵相传岂是真。

走遍天下端个碗，哪处黄土不埋人。

劝君莫做守财奴，死去何曾带一文。

没有打不开的锁，却有进不得的门。

两手劈开生死路，翻身跳出是非门。

逢人不说人间事，便是人间无事人。

看海听涛增度量，寻梅赏竹长精神。

天德只是个无我，王道只是个爱人。

天下多有不平事，世上难遇有心人。
幸名无德非佳兆，乱世多财是祸根。
时运未来君休笑，太公也作钓鱼人。
仰天大笑出门去，我辈岂是蓬蒿人。
昼盼太阳夜望灯，人盼幸福树望春。
沉舟侧畔千帆过，病树前头万木春。
山重水复疑无路，柳暗花明又一村。
假作真时真亦假，真作假时假也真，
真真假假难分解，假者自假真自真。
十分伶俐使七分，常留三分与儿孙，
若要十分都使尽，远报儿孙近在身。
父子亲而家不退，兄弟和而家不分，
夫贤妇惠家和顺，父慈子孝乐天伦。
息精息气养精神，精养丹心气养身，
谁人学得这般术，便是长生不老人。

好良言难劝该死鬼，大慈悲不
度自绝人。君子之身可大可小，丈夫

之志能屈能伸。心术不可得罪于天地，言行要留好样与子孙。倚势凌人，势败人凌我；穷巷追狗，巷穷狗咬人。家累千金，不如日进分文；良田万顷，不如薄技随身。竹本无心，外生许多枝节；藕虽有空，内中不染污尘。天下奇观看尽，无过书本；世间滋味尝来，无过菜根。知事晓事不多事，太平无事；忍人让人不欺人，方可为人。同是肚皮，饱者不知饥者苦；一般面目，得时休笑失时人。大肚能容，容天下难容之事；开颜常笑，笑世间可笑之人。世事如棋，让一着不会亏我；心田似海，纳百川方见容人。为恶畏人知，恶中犹有善路；为善急人知，善处即是恶根。花繁柳密处拨得开，方见手段；风狂雨骤时立得定，才是脚跟。父不慈，则子不孝；兄不友，则弟不恭；夫不义，则妇不顺。不生事，不怕事，自然无事；能爱人，能恶人，方是正人。睡至二三更时，凡功名都成幻境；想到一百年后，无少长都是古人。融得性情上偏私，便是大学问；消得家庭中嫌隙，便是大经纶。栖迟蓬户，耳目虽拘而神情自旷；结纳山翁，仪文虽略而意念常真。何必读尽圣贤书，能识世态，便为实学；纵然周遍天下事，不知进退，终是愚人。吃苦是良图，做苦事，用苦心，费苦劲，苦境终成乐境；偷闲非善策，说闲话，好闲游，做闲事，闲人就是废人。

劝君更尽一杯酒　西出阳关无故人

苦心人，天不负；有志者，事竟成。

君子交绝，不出恶声。恭可释怒，让可息争。独立自主，自力更生。万事俱备，只欠东风。得心应手，意到便成。不怕无能，只怕无恒。人贵有志，学贵有恒。昼行惜阴，夜坐惜灯。从善如登，从恶如崩。众怒莫犯，专欲难成。圣人之道，为而不争。官由德序，位以才升。哀其不幸，怒其不争。名高妒起，宠极谤生。守雌示弱，无为不争。河狭水激，人急计生。居家要俭，待客宜丰。人过留名，雁过留声。鸟尽弓藏，兔死狗烹。祸因恶作，福自德生。江口易堵，人嘴难封。守口如瓶，防意如城。速效莫求，小利莫争。两眼一睁，忙到熄灯。但行好事，莫问前程。吉人天相，绝处逢生。不在其位，不谋其政。日常好恶，善与人同；原则是非，据理力争。心如规矩，志如尺衡，平静如水，正直如绳。吃苦了苦，苦尽甘来；享福消福，福尽悲生。难字压顶，寸步难行；闯字当头，随意纵横。有所不为，为无不果；有所不学，学无不成。千里之行，始于足下；艰难困苦，玉汝于成。

心脏不怕热，头脑不怕冷。白天多活动，晚上少做梦。怒从心头起，恶向胆边生。宁肯站着死，绝不跪着生。蜀中无大将，廖化作先锋。财上平如水，人中直似衡。随风潜入夜，润物细无声。野火烧不尽，春风吹又生。世上无鬼神，百事人做成。贱力得人敬，贱口讨人憎。一朝被蛇咬，十年怕草绳。六十勿过夜，七十勿过更。瘦田没人耕，耕开多人争。心田先祖种，福地后人耕。人生重结果，种田看收成。平时不用功，考试就发蒙。欲速则不达，功到自然成。因无背后眼，只当耳边风。填不满贪海，攻不破疑城。但存方寸地，留与子孙耕。嘉谷不夏熟，大器当缓成。船无水不行，事无钱难成。青春留不住，白发自然生。不从忧患始，难望事业成。潜心存远志，得意会高朋。山高无坦途，树大遭悲风。只有好心态，才有好人生。急流能勇退，与世皆无争。官闲身自在，诗逸语纵横。都无做官意，唯有读书声。放眼看天下，欢颜向人生。

不懂风俗人情，干事创业难成。大志非才不就，大才非学不成。睿智悟出真理，阅读丰富人生。酒以不劝为欢，棋以不争为胜。只说过关斩将，不提夜走麦城。团结就是力量，众志可以成城。做人一身正气，为官两袖清风。

野花不种年年有，烦恼无根日日生。须知叶落根未死，待看春来芽又生。牡丹花好空入目，枣花虽小结实成。万丈高楼从地起，千年古树靠根撑。贪爱沉溺即苦海，利欲炽热是火坑。昨是儿童今是翁，人间日月急如风。见面休提枯荣事，只问行剑可如风。占小便宜吃大亏，仗小聪明无大成。敬君子方显有德，怕小人不算无能。为人处处行方便，福也增来寿也增。屋漏更遭连夜雨，船危又遇打头风。只有赔钱的生意，没有偿命的医生。一叶浮萍归大海，人生何处不相逢。有缘千里能相会，无缘对面不相逢。一样米养百样人，百朵桃花一树生。时人不识农家苦，将谓田中谷自生。心安静则神策生，虑深远则计谋成。细雨湿衣看不见，闲花落地听无声。别有幽愁暗恨生，此时无声胜有声。得意夫妻欣相守，负心朋友怕重逢。只有冻死的苍蝇，没有累死的蜜蜂。只有千里的名声，没有千里的威风。海到无边天作岸，山登绝顶我为峰。一点一滴成大海，每时每刻是人生。越奸越狡越贫穷，奸狡原来天不容，富贵若从奸狡得，世间呆汉吸西风。咬定青山不放松，立根原在破岩中，千磨万击还坚劲，任尔东西南北风。有心无力事难成，有力无心白折腾。将革命进行到底，为人民服务终生。

勇将不怯死以苟免，壮士不毁节而求生。毋以己长而形人之短，毋因己拙而忌人之能。道虽近，不行不至；事虽小，不做不成。众星朗朗，不如孤月独明；点塔七层，不如暗处一灯。子孙虽愚，经书不可不读；祖宗虽远，祭祀不可不诚。放得下功名富贵，便可脱凡；放得下道德仁义，才可入圣。把意念沉潜得下，何理不可得；把志气奋发得起，何事不可成。读书而寄兴于吟咏风雅，定不深心；修德而留意于名誉事功，必无实证。

点塔七层　不如暗处一灯

亲帮亲，故向故。穷义夫，富节妇。穷养猪，富读书。衣食足，知荣辱。信了肚，卖了屋。家无主，屋倒竖。一着灵，全盘活；一着错，全盘输。忍一句，息一怒；饶一着，退一步。比过去，有进步；看当前，坐不住；谋发展，寻新路。

得道多助，失道寡助。是亲必顾，是邻必护。衣不如新，人不如故。依人者危，臣人者辱。门无俗客，室有藏书。一人修路，万人安步。屋满迁室，路迂改途。上交不谄，下交不渎。但求欢喜，难得糊涂。山有坡度，人有风度。人怕放荡，铁怕落炉。流水不腐，户枢不蠹。重赏之下，必有勇夫。勿妒人有，莫笑人无。榜上无名，脚下有路。百尺竿头，更进一步。

智者减半，愚者全无。好勇斗狠，以危父母。人心似铁，官法如炉。法有明文，情无可恕。只可救苦，不可救赌。偷吃不肥，做贼不富。冤各有头，债各有主。有了初一，必有十五。早知今日，何必当初。长袖善舞，多钱善贾。文人相轻，武士相慕。众口铄金，积毁销骨。大难不死，必有后福。小洞不补，大洞吃苦。一针不补，十针难缝；有险不堵，成灾叫苦。寒从脚起，病从口入。自强不息，厚德载物。千辛万苦，为着腹肚。多心招祸，少事为福。塞翁失马，焉知非福。一日为师，终身如父。忘恩负义，禽兽之徒。事不宜迟，兵贵神速。路不拾遗，夜不闭户。归真返璞，终身不辱。光读不用，终究无用；想用没读，还是糊涂。欺人是祸，饶人是福；天眼昭昭，报应甚速。贫穷患难，亲戚相顾；婚姻死丧，邻里相助。

欲求生富贵，须下死功夫。夜里千条路，早起卖豆腐。心宽体自胖，财大气也粗。闲陪诗客语，静读圣贤书。无官一身轻，有子万事足。蛟龙得云雨，终非池中物。不怕出山狼，就怕藏家鼠。道院迎仙客，书堂隐相儒。削发除烦恼，留发表丈夫。世间何物贵，无价是诗书。没有不幸福，只有不知足。无事此静坐，有福才读书。兴来常对酒，意到即成书。既耕亦已种，时还读我书。量小非君子，无度不丈夫。不才明主弃，多病故人疏。床头有箩谷，不怕没人哭。人苦不知足，得陇还望蜀。点石化为金，人心犹未足。认真还自在，做假费工夫。玩笑忌伤人，诙谐忌粗俗。近邻不可断，朋友不可疏。人欺不是辱，人怕不是福。偷吃不会肥，做贼不会富。廉者乐无穷，贪者常不足。树倒须人扶，人弱要人护。无贵贱不悲，无富贫亦足。是非终日有，不听自然无。躲得过初一，躲不过十五。好人多磨难，真爱无坦途。有山就有路，有水就有渡。人生万里路，走好每一步。宁做战死鬼，不做亡国奴。宁可信其有，不可信其无。宁可无了有，不可有了无。宁可食无肉，不可居无竹。要打当面锣，不敲背后鼓。上屋搬下屋，少了三箩谷。有心不在迟，无功不受禄。钱多腰杆硬，力大嗓门粗。登峰观海月，面壁读奇书。虚心以求理，平静以处物。人无主心骨，要吃眼前苦。志骄者必败，气盈者必覆。离了张屠夫，不吃浑毛猪。堂前生瑞草，好事不如无。百里不同风，十里不同俗。卤水点豆腐，一物降一物。从道不从君，从义不从父。志骄好生事，器小无远图。私怒不可有，公怒不可无。身子掉下井，耳朵挂不住。走不走留路，吃不吃留肚。见面道辛苦，毕竟是江湖。劳动强筋骨，无病便是福。身健何妨远，情亲未肯疏。人亲财不亲，人熟礼不熟。佟而惰者贫，力而俭者富。让生于有余，争起于不足。房小能合住，肚窄难相处。兄弟要和睦，亲朋要互助。妻财之念重，兄弟之情疏。锄禾日当午，汗滴禾下土，谁知盘中餐，粒粒皆辛苦。读书数万卷，胸中无适主，便如暴富儿，颇为用钱苦。积产遗子孙，子孙未必守；积书遗子孙，子孙未必读。老人不讲古，后生会失谱。欲知天下事，须读古今书。久住令人贱，频来亲也疏。但看三五日，相见不如初。去时终须去，再三留不住。结交须胜己，似我不如无。听君一席话，胜读十年书。与善者同行，与智者为伍。此处不留爷，自有留爷处；处处不留爷，才把爷难住。

积钱不如教子，闲坐不如看书。一时劝人以口，百世劝人以书。养心莫若寡欲，至乐无如读书。唯宽可以容人，唯厚可以载物。家贫不办素食，匆冗不暇草书。水至清则无鱼，人至察则无徒。勿以小人之心，量度君子之腹。务要见景生情，切莫守株待兔。苦莫苦于多欲，乐莫乐于知足。处世须知艰难，居家莫图清福。药补不如肉补，肉补不如养补。胆大骑龙骑虎，胆小骑猫骑兔。俭用亦能够用，求足何时知足。放开肚皮吃饭，抖起精神读书。不管风吹浪打，胜似闲庭信步。朽木不可为柱，坏人不可为伍。人人意中所有，人人笔下所无。文章止于润身，政事可以及物。处世莫如为善，传家唯有读书。民为衣食父母，官是人民公仆。天有不测风云，人有旦夕祸福。人有逆天之时，天无绝人之路。走尽崎岖之路，自是平坦之途。

害人之心不可有，防人之心不可无。平日待人多厚道，急难自有人相扶。

求人须求大丈夫，济人须济急时无，

渴时一滴如甘露，醉后添杯不如无。

训子须从胎教始，端蒙必自小学初。

家有诗书贫亦富，胸无点墨快读书。

劝君莫将油炒菜，留与儿孙夜读书。

时来易觅金千两，运去难赊酒一壶。

石到天涯棱角少，人过中年锋芒无。

笑脏笑拙不笑补，笑馋笑懒不笑苦。

孤村到晓犹灯火，知有人家夜读书。

年年为恨诗书累，处处逢人劝读书。

美酒酿成缘好客，黄金散尽为收书。

愿乘风破万里浪，甘面壁读十年书。

学问人家讲读书，庄户人家讲喂猪。

要好儿孙须积德，欲高门第快读书。

富贵必从勤苦得，男儿须读五车书。

两耳不闻窗外事，一心只读圣贤书。

学问多深不满足，过失再小别疏忽。

黄牛精神必须有，老虎脾气不可无。

马不吃夜草不肥，人不能勤俭不富。

无情未必真豪杰，怜子如何不丈夫。

有田不耕仓廪虚，有书不读子孙愚；

仓廪虚兮岁月乏，子孙愚兮礼义疏。

动念即应思改过，得闲何不再读书。

做事唯求心可以，待人先看我何如。

能言不是真君子，善处方为大丈夫。

爱儿不得爱儿怜，聪明反被聪明误。

壮士冻死不卖剑，秀才饿死不卖书。

男儿有泪不轻弹，只因未到伤心处。

诸葛一生唯谨慎，吕端大事不糊涂。

竹篱茅舍风光好，僧院道房总不如。

陋室坐消无事福，闲居补读未观书。

宰相必起于州郡，猛将必发于卒伍。

假作真时真亦假，无为有处有还无。

今年笋子来年竹，少壮体强老来福。

踏破铁鞋无觅处，得来全不费工夫。

强将手下无弱兵，骏马蹄下无遥途。

须知国破家无寄，岂有舟沉橹独浮。

万事劝人休计较，从来好事不如无。

不是情长不送礼，不是熟人不招呼。

鼠无大小皆称老，龟有雄雌全姓乌。

官职卑微从容笑，性灵闲野向钱疏。

有仇义解真君子，财上分明大丈夫。

物必腐而后虫生，人必疑而后谗入。

名重则于实难副，论高则与世常疏。

一回生疏两回熟，三回四回热乎乎。

山头松柏半无主，地下白骨多于土。

人生何者是老福，能食能便能睡足。

消磨岁月诗千卷，笑傲乾坤酒一壶。

非因报应方行善，岂为功名始读书。

不为自己求安乐，但愿众生得离苦。

当年不肯嫁春风，无端却被秋风误。

人情似水分高下，世事如云任卷舒。

沧浪水清可濯缨，沧浪水浊可濯足。

两情若是久长时，又岂在朝朝暮暮。

与有肝胆人共事，从无字句处读书。

不顾自身荣和辱，敢为人民鼓与呼。

当官不为民做主，不如回家卖红薯。

前怕狼，后怕虎，一事无成白辛苦。牛耕田，马吃谷，各人自有各人福。走一步，算一步，哪里黑了哪里住。思无过少做无愧事，想有为多读有益书。越聪明越受聪明苦，越痴呆越享痴呆福。一手捉不住两条鱼，一目看不清两行书。多言者不可与之远谋，多动者不可与之久处。行，使人童颜常在；动，使人青春永驻。才不胜，不可居其位；职不称，不可食其禄。穿好衣，当思织女之劳；吃饱饭，要念农夫之苦。天行健，君子以自强不息；地势坤，君子以厚德载物。着意于无，即是有根未斩；留心于静，便为动芽未锄。宠辱不惊，看庭前花开花落；去留无意，望天上云卷云舒。乐以忘忧，行现在可行之乐；书能益智，读平生未读之书。古今来许多世家，无非积德；天地间第一人品，还是读书。涉猎虽曰无用，犹胜于不通古今；清高固然可嘉，莫流于不识时务。恩宜自淡而浓，先浓而后淡者，人忘其惠；威宜自严而宽，先宽而后严者，人怨其酷。静中观物动，闲处看人忙，才得超尘脱俗的趣味；忙处会偷闲，闹中能取静，便是安身立命的功夫。

壮士凉死不卖剑

秀才饿死不卖书

城门失火，殃及池鱼。危邦不入，乱邦不居。比上不足，比下有余。有始有终，无为无欲。热极生风，闷极生雨。行得春风，指望夏雨。我无尔诈，尔无我虞。人而无信，百事皆虚。见素抱朴，少私寡欲。龙不隐鳞，凤不藏羽。仁者不忧，勇者不惧。快马一鞭，快人一语。退如山移，进如风雨。事出有因，查无实据。以言取人，失之宰予；以貌取人，失之子羽。他有来言，我有去语。生不带来，死不带去。战无不胜，攻无不取。口说无凭，立字为据。他山之石，可以攻玉。

致富先治愚，治愚办教育。庭栽栖凤竹，池养化龙鱼。河边无青草，不要多嘴驴。新林无长木，新池无大鱼。恶人先告状,无理先报屈。官急于有成,病加于小愈。水深河寂静,博学人谦虚。高者未必贤,下者未必愚。义士不欺心,廉士不妄取。一语不能践,万卷徒空虚。嫁女择佳婿,娶媳求淑女。不挑秦川地,单挑好女婿。岳母看女婿,越看越有趣。人情一把锯,你来我也去。人非善不交,物非义不取。财聚则民散,财散则民聚。居视其所亲,达视其所举,富视其不为,贫视其不取。人生若波澜,世事有屈曲。青山遮不住,毕竟东流去。

　　奢侈富而不足,节约贫而有余。改章难于造篇,易字艰于代句。老谷不可做种,老话不可为据。吃肉的是和尚,挨打的是木鱼。柴经不起百斧,人经不起百语。宁可守株待兔，切莫缘木求鱼。宁可正而不足，不可邪而有余。不以成功而喜，不以失败而悲，不以众誉而骄，不以共毁而沮。无私者必无畏，无知者也无惧。捧着一颗心来，不带半根草去。君子乐得其道，小人乐得其欲。闲居可以养志，读书足以自娱。达人乐在退休，杰士急于进取。文明基于道德，自由源于秩序。

雄鹰不怕大山高，海燕不怕暴风雨。男儿不展风云志，空负天生七尺躯。书中自有千钟粟，书中自有黄金屋，书中车马多如簇，书中自有颜如玉。忙忙如丧家之犬，急急如漏网之鱼。浑浊不分鲢共鲤，水清方见两般鱼。数君子成之不足，一小人败之有余。大事瞒不了乡里，小事昧不过邻居。痛不在身言忍耐，钱不出家说给予。一灯能除千里暗，一智能灭万年愚。宁使人讶其不来，勿令人厌其不去。

德为至宝，一生用之不尽；心作良田，百世耕之有余。环壁列奇书，有史有文堪探讨；小楼多佳日，宜风宜雨足安居。三十而立，四十而不惑，五十而知天命，六十而耳顺，七十而从心所欲，不逾矩。

男儿不展风云志　空负天生七尺躯

人挪活，树挪死。多栽花，少栽刺。先小人，后君子。寡嗜欲，节饮食。不安心，不知事；不虚心，不成事。

酒要少喝，事要多知。使口如鼻，至老不失。修学好古，实事求是。不览古今，论事不实。读古人书，友天下士。才子难逢，佳人易失。以色事人，色衰爱弛。败肾蛀齿，活活激死。让到是礼，心到佛知。聪明一世，糊涂一时。急则有失，怒中无智。不为忠臣，便做孝子。君有妒臣，贤人不至。习俗移志，安久移质。君子使物，不为物使。不希荣达，不畏权势。既富而教，方知廉耻。一人传虚，百人传实。千人所指，无病而死。不入虎穴，焉得虎子。欲加之罪，何患无辞。好言难得，恶语易施。自己动手，丰衣足食。杂症好医，吏病难治。养兵千日，用兵一时。军有归心，必无斗志。为者常成，行者常至。慎终如始，则无败事。有令则行，有禁必止。咬得菜根，可做百事。刀伤肉体，话伤灵魂；刀伤好医，舌伤难治。受不得穷，立不得品；受不得屈，做不成事。良田万顷，日食三餐；大厦千间，夜眠七尺。知足常足，终身不辱；知止常止，终身不耻。志士惜年，达人惜月，贤人惜日，圣人惜时。至人无己，神人无功，圣人无名，真人无死。诚实做人，踏实做事。牡丹花好，绿叶扶持。玩人丧德，玩物丧志。日勤三省，夜惕四知。前事不忘，后事之师。大器缓成，终必达至。木秀于林，风必摧之；堆出于岸，流必湍之；行高于众，人必非之。乘夜送礼，莫谓无知，天知地知，我知你知，既有四知，何谓无知。

无巧不成书，无曲不成词。秀才不出门，能知天下事。文章千古事，得失寸心知。水深流去慢，贵人话语迟。同声自相应，同心自相知。借他口中言，传我心中事。得他心肯日，是我运通时。处世戒多言，言多必有失。少说漂亮话，多做平凡事。门内有君子，门外君子至；门内有小人，门外小人至。病来如山倒，病去如抽丝。人忧日落慢，心急马行迟。磨刀恨不利，刀利伤人指。十年磨一剑，霜刃未曾试。仕而优则学，学而优则仕。记得旧文章，便是新举子。失身取高位，爵位反为耻。早知灯是火，饭熟已多时。宽心应是酒，遣兴莫过诗。世上无纯金，太阳有黑子。叶落各有期，花开自有时。清水出芙蓉，天然去雕饰。巧者拙之奴，拙者巧之师。嘴上喊支持，脚下使绊子。盲人骑瞎马，夜半临深池。命薄一张纸，勤俭饿不死。英雄行险道，富贵似花枝。大匠无弃材，寻尺各有施。尺蠖有伸日，九泉无归时。为官是一时，做人是一世。千秋万岁名，寂寞身后事。要做本分人，莫做伪君子。要做长命人，莫做短命事。天下本无事，庸人自扰之。不为穷变节，不为贱易志。文官不爱钱，武官不惜死。清廉源节俭，贫贱如华侈。唯有圈中人，才知圈中事。救急不救穷，扶贫先扶志。嫉财莫嫉食，怨生莫怨死。

大渴不大饮，大饥不大食。大道不偏离，小节不丧失。宁死不背理，宁贫不丧志。拙因知事少，老悔读书迟。惜钱莫教子，护短莫从师。唯有书味甘，行行堪没齿。知识生力量，实践出真知。博学而笃志，切问而近思。循序而渐进，熟读而精思。人见白头嗔，我见白头喜，多少少年亡，不到白头死。久旱逢甘雨，他乡遇故知，洞房花烛夜，金榜题名时。

良禽择木而栖，贤臣择主而事。笑骂由他笑骂，好官我自为之。行事见于当时，是非公于后世。猛虎不处劣势，雄鹰不立垂枝。懦者因书而勇，勇者因书而智。骄傲源自浅薄，狂妄出于无知。为学当先立志，修身当先知耻。积德虽无人见，行善自有天知。慧眼观人长处，正心慎我独时。夫妻吵架常事，邻舍拉劝多事。与其喊破嗓子，不如做出样子。择日不如撞日，撞日不如今日。只有再一再二，哪有再三再四。只有扯皮的人，没有扯皮的事。至乐无如读书，至要莫如教子。须知孺子可教，勿谓童子何知。国家多难之秋，壮士受命之时。三军可以夺帅，匹夫不可夺志。祸莫大于无足，福无厚乎知止。以宇宙为教室，奉自然做宗师。

入门休问荣枯事，观看容颜便得知。人情莫道春光好，只怕秋来有冷时。同是天涯沦落人，相逢何必曾相识。在天愿做比翼鸟，在地愿为连理枝。幸生太平无事日，恐逢年老不多时。抛砖不怕众人笑，引玉难得一字师。

白发无情侵老境，青灯有味似儿时。

世人苦被明日累，春去秋来老将至。

美酒饮当微醉候，好花看到半开时。

花开堪折直须折，莫待无花空折枝。

见兔顾犬未为晚，亡羊补牢不为迟。

临崖勒马收缰晚，船到江心补漏迟。

荒村雨露宜眠早，野店风霜要起迟。

十载寒窗无人问，一举成名天下知。

路逢侠客须呈剑，不是才人莫献诗。

三更灯火五更鸡，正是男儿立志时；

黑发不知勤学早，白首方恨读书迟。

世路崎岖须慎走，事情复杂要多思。

闭门觅句非诗法，只是征行自有诗。

少丧父母老丧子，中年丧偶悲苦事。

常将有日思无日，莫待无时思有时。

三朝不是夸妇候，六月不是看禾时。

有官贫过无官日，去任荣于到任时。

宁可忍胯下之辱，不可失丈夫之志。

成功多在穷苦日，败事每于得意时。

毁身每是作恶日，成名皆在行善时。

念念有如临敌日，心心常似过桥时。

常将冷眼观螃蟹，看你横行到几时。

善恶到头终有报，只争来早与来迟。

不信但看檐前水，点点滴在旧窝池。

山高挡不住太阳，水大没不了鸭子。

猛虎不在当道卧，困龙也有上天时。

黄河尚有澄清日，岂有人无得运时。

刀利不怕韧牛皮，火烈不怕生柴枝。

可怜无限弄潮人，毕竟还是潮中死。

说好不锦上添花，说坏不落井下石。

花开花谢春不管，水暖水寒鱼自知。

但得官清吏不横，便是村中歌舞时。

赌徒心中无圣物，情人眼里出西施。

不见棺材不落泪，不到黄河心不死。

新竹高于旧竹枝，全凭老干为扶持。

纵使归来花满树，新枝不是旧时枝。

荷尽已无擎雨盖，菊残犹有傲霜枝。

水能性淡为吾友，竹解心虚即我师。

世事无求唯自爱，人生难得是相知。

大人不计小人过，前事应为后事师。

行好事不求人见，存良心自有天知。

心有余而力不足，树欲静而风不止。

清正公慎勤为官，温良恭俭让处世。

廉官可饮盗泉水，志士不受嗟来食。

名到没世方称好，书到今生读已迟。

苟利国家生死以，岂因祸福避趋之。

　　看戏别上人家台子，串门别嫌人家孩子。望于天，必思己所为；望于人，必思己所施。清晨不起，误一天的事；幼年不学，误一生的事。在世一日，做一日好人；为官一天，办一天好事。对失意人，莫谈得意事；处得意日，莫忘失意时。缺衣少食穷苦人，须加温恤；鳏寡孤独残疾者，应多扶持。人好刚，我以柔胜之；人用术，我以诚感之；人使气，我以理屈之。人必自侮，而后人侮之；家必自毁，而后人毁之；国必自伐，而后人伐之。眼界要宽，遍历名山大川；度量要宏，熟读五经诸史。四海和平之福，只是随缘；一生牵惹之劳，总因好事。三人行，必有我师焉，择其善者而从之，其不善者而改之。读古人书，须设身处地以想；论天下事，要揆情度理三思。张口即佛，人人都是活菩萨；与人为善，天天都是好日子。大本领人，当时不见有奇异处；真学问者，终身无所谓满足时。

以铜为镜，可以正衣冠；以古为镜，可以知兴替；以人为镜，可以明得失。读圣贤书，须从实践功夫，尽些人道；处世间事，只要本分去做，求个天知。事业文章，随身消毁，而精神万古不灭；功名富贵，逐世转移，而气节千载如斯。

良禽择木而栖　贤臣择主而事

龙生龙子，虎生虎儿。老嫂比母，小叔似儿。文章天成，妙手可得。脾气没了，福气来了。太柔则废，太刚则折。豆腐沾灰，吹打不得。尾大不掉，末大必折。对酒当歌，人生几何。生于忧患，死于安乐。成也萧何，败也萧何。七嘴八舌，遇事没辙。酒以成礼，过则败德。人心叵测，江湖险恶。只知其一，不知其二。却私扶公，修身种德。心不负人，面无惭色。敲山震虎，打草惊蛇。大量能容，不动声色。涓涓不绝，流为江河。不矜细行，终毁大德。杀人一万，自损三千；伤人一语，利如刀割。智者千虑，必有一失；愚者千虑，必有一得。鄙吝之极，必生奢男；厚德之至，定产佳儿。食不过佳，充饥则可；衣不过华，整洁则可。良玉不琢，不成其器；君子不学，不成其德。万分廉洁，止是小善；一点贪污，便是大恶。

家和贫也好，不义富如何。咬得菜根香，悟出勤学乐。富贵本无根，尽从勤里得。英雄不贪财，好汉不贪色。不为不可成，不求不可得。口善心不善，面和心不和。说话翻白眼，此人交不得。生财从大道，处世守中和。唯利是图者，胸中无美德。家贫常畏客，身老转怜儿。人生天地间，忽如远行客。读书不知味，不如束高阁。草字出了格，神仙认不得。梅花优于香，桃花优于色。草木本无心，何求美人折。天地莫施恩，施恩强者得。枪打出头鸟，刀砍地头蛇。

谋定而后动，知止而有得。风吹鸡蛋壳，财去人安乐。食蔗渐渐佳，离官寸寸乐。谁言碧山曲，不废青松直；谁言浊水泥，不污明月色。无病第一利，美誉第一富，友善第一亲，知足第一乐。

人穷离不开懒，家败离不开奢。富贵不如文章，文章不如道德。天时不如地利，地利不如人和。是虎你得趴着，是龙也得盘着。好吃不过饺子，舒服不过倒着。时运波及颜容，终身关乎骨骼。莫饮过量之酒，莫贪非分之色。多得不如少得，少得不如现得。力田不如逢年，善仕不如遇合。世间孝子易求，家中慈孙难得。君子和而不同，小人同而不和。君子扬人之善，小人讦人之恶。

天上金童配玉女，地上瘸骡配破车。哈巴狗儿骑不得，背后之言听不得。千年田地八百主，田是主人人是客。良田不由心田置，产业变为冤业折。屋里无灯望月出，身上无衣望天热。死犹未肯输心去，贫亦其能奈我何。临喜临怒见涵养，群行群止见品格。遇饮酒时须饮酒，得高歌处且高歌。人生转折四五步，书本有用一二册。经事日久无脾气，碰壁数多失性格。崖鹰不打巢下食，猛龙难斗地头蛇。严教之家出孝子，娇养之家无义儿。忌才招致萧墙祸，谦让换得将相和。曲突徙薪无恩泽，焦头烂额为上客。历览前贤国与家，成由勤俭败由奢。先天下之忧而忧，后天下之乐而乐。

求偶攀亲，何必门当户对；择婿嫁女，只求志同道合。莫愧家贫，应教儿女早立志；莫恃家富，须防骄奢出败儿。心在人民，原无论大事小事；利归天下，何必争多得少得。与人共其忧者，人必忧其忧；与人共其乐者，人必乐其乐。处世不必邀功，无过便是功；与人不求感德，无怨便是德。心思如青天白日，不可使人不知；才华如玉韫珠含，不可使人易测。

忌才招致萧墙祸　谋让换得将相和

高不成，低不就。小不忍，乱大谋。挂羊头，卖狗肉。吃不了，兜着走。

人平不语，水平不流。能者多劳，智者多忧。不要怕死，但要知羞。以诚待人，以信交友。发愤忘食，乐而忘忧。鼓足干劲，力争上游。人无远虑，必有近忧。成事不说，遂事不谏，存而不议，既往不咎。要学好人，须寻好友；引醅若酸，哪得好酒。以德报怨，以义解仇。便宜莫买，浪荡莫收。酒肉朋友，无钱分手。林无静树，川无停流。梧桐叶落，天下知秋。一争两丑，一让两有。打虎打头，杀鸡割喉。实处着脚，稳处下手。偷鸡摸狗，自己出丑。食君之禄，与君分忧。

种麻得麻，种豆得豆。细水长流，吃穿不愁。上满下漏，患无所救。出于其口，成于其手。水泼不进，针扎不透。天网恢恢，疏而不漏。君子动口，小人动手。宁添一斗，莫添一口。三思是益，一忍为谋。不着一字，尽得风流；语不涉难，已不堪忧。以明防前，以智虑后。成则为王，败则为寇。太公钓鱼，愿者上钩。螳螂捕蝉，黄雀在后。

一羽试方向，一草识水流。慧眼观天下，妙笔写春秋。有花方酌酒，无月不登楼。惜花须检点，爱月不梳头。贫家光扫地，贫女净梳头，景色虽不丽，气度自优游。少年乐新知，衰暮思故友。人生不满百，常怀千岁忧。踏翻尘世路，肩担古今愁。闲居非吾志，甘心赴国忧。相聚不知好，相别始知愁。一酒解千愁，酒醒愁更愁。砍柴砍小头，问路问老头。炒菜要有油，耕田要有牛。读书大游览，为善小重修。睡觉不蒙头，清早郊外走。马路如虎口，中间不能走。不打落水狗，提防咬一口。只见贼吃肉，不见贼挨揍。清心为治本，直道是深谋，秀干终成栋，精钢不作钩。贤者不必贵，仁者不必寿。富贵不足慕，贫贱不足忧。药能医假病，酒不解真愁。心去最难留，留下结冤仇。晴天不肯去，直待雨淋头。惧法朝朝乐，欺公日日忧。德从宽处积，福向俭中求。相骂无好口，相打无好手。打人两日忧，骂人三日羞。三杯和万事，一醉解千愁。山高有攀头，路远有奔头。千里马常有，伯乐不常有。父在不留须，母在不远游。三思方举步，百折不回头。怕贫休浪荡，想富莫闲游。人向高处走，水往低处流。欲穷千里目，更上一层楼。中夜四五叹，常为大国忧。有舍必有求，收礼不自由。须知香饵下，触口是铦钩。好动扶人手，莫开杀人口。小人溺于水，君子溺于口。钱到他人手，要等他人有。借钱是朋友，索债成冤仇，不以我为德，反以我为仇。内举不避亲，外举不避仇。宁遭父母手，莫遭父母口。宁与千人好，莫与一人仇。宁可直中取，莫向曲中求。狗不嫌家贫，子不嫌母丑。斧子敲凿子，凿子吃木头。水不流要臭，刀不磨要锈。有时省一口，无时当一斗。容得虎当道，不是好猎手。在家靠父母，出外靠朋友。结有德之朋，绝无义之友。鸡饿赶不走，人饿不怕丑。居人矮檐下，怎能不低头。逢桥须下马，有路莫登舟。见官莫向前，做客莫在后。三人误大事，六耳不通谋。君子不开口，神仙猜不透。行事看势头，说话看地头。江阴莫动手，无锡莫开口。多看出苗头，多问出来由。世情不说透，世事不说够。大事不糊涂，小事不渗漏。糊涂须到底，聪明莫过头。民怕兵匪抢，官怕纱帽丢，穷怕常生病，富怕贼人偷。责善勿过高，当思其可从；攻恶勿太严，要使其可受。权为民所用，情为民所系，事为民所办，利为民所谋。

讨老婆看妻舅，买衣裳看衫袖。脸皮薄吃不着，脸皮厚吃个够。老牛肉有嚼头，老人话有听头。各师傅各传授，各把戏各变手。拜师不如访友，访友不如经手。多虚不如少实，广种不如狭收。行事不可任心，说话不可任口。休向财主借钱，莫与昏官交友。好汉不赌闲气，小人常记旧仇。驭横切莫逞气，止谤还要自修。五官八字虽强，无德不能承受。虚心使人进步，骄傲使人落后。两家养驴驴瘦，合伙用船船漏。干姜扭不出汁，老糠榨不出油。有情铁能发光，无义豆腐咬手。拿得住的是手，掩不住的是口。忍得一时之气，免得百日之忧。勿贪意外之财，不饮过量之酒。宁可清贫自乐，不可浊富多忧。砂锅不打不漏，朋友不交不透。冷汤冷饭好吃，冷言冷语难受。

任你官清似水，难逃吏滑如油。休向君子谄媚，君子原无私惠；休与小人为仇，小人自有对头。百年之计种松，十年之计种柳，一年之计种谷，一月之计种韭。

月亮弯弯照九州，几家欢乐几家愁。能自得时还自得，到无心处便无忧。时来天地皆同力，运去英雄不自由。眼孔浅时无大量，心田偏处有奸谋。抽刀断水水更流，举杯消愁愁更愁。无肠可断方为恨，有药能治不是愁。槽里无食猪拱猪，分赃不均狗咬狗。家常便饭吃得长，粗布衣裳穿得久。辛勤好似蚕成茧，茧老成丝蚕命休。事不三思终有悔，人能百忍自无忧。书藏应满三千卷，人品当居第一流。

此地无银三百两，隔壁阿二不曾偷。

百个懦夫百回头，一个勇士照样走。

燕雀安知鸿鹄志，鲲鹏展翅万里游。

手提三尺龙泉剑，不斩奸邪誓不休。

开弓没有回头箭，放闸何曾水倒流。

半夜说起五更走，天亮还在大门口。

登上高山观虎斗，坐在桥头看水流。

无益世言休着口，不干己事少当头。

是非只为多开口，烦恼皆因强出头。

近来学得乌龟法，得缩头时且缩头。

受恩深处宜先退，得意浓时便可休。

莫待是非来入耳，从前恩爱反成仇。

好事全归花大姐，坏事总怪秃丫头。

欲知世事须尝胆，会尽人情暗点头。

莫向人前夸大口，强中更有强中手。

为人何必争高下，一旦无命万事休。

好拳不赢头三手，自有高招在后头。

骑着驴骡思骏马，官居宰相望王侯。

忽见陌头杨柳色，悔教夫婿觅封侯。

唯大英雄能本色，是真名士自风流。

横眉冷对千夫指，俯首甘为孺子牛。

狂风恶浪无所惧，甘洒热血写春秋。

知我者谓我心忧，不知者谓我何求。

得意客来情不厌，知心人到话相投。

戏场亦有真歌泣，骨肉非无假应酬。

偷得利而后有害，偷得乐而后有忧。

举世尽从愁里过，谁人肯向死前休。

留得五湖明月在，不愁无处下金钩。

书山有路勤为径，学海无涯苦作舟。

儿行千里母担忧，母走千里儿不愁。

天上下雨地下流，夫妻打架不记仇。

深山毕竟藏猛虎，大海终须纳细流。

蜂背虽花不称虎，蜗虽有角不是牛。

粗柳簸箕细柳斗，世上谁见男儿丑。

天不严寒地不冻，人不伤心泪不流。

人在福中不知福，船在水中不知流。

度尽劫波兄弟在，相逢一笑泯恩仇。

万两黄金不易得，知心一个更难求。

不在乎天长地久，只在乎曾经拥有。

人见利而不见害，鱼见食而不见钩。

酒虽养性还乱性，水能载舟亦覆舟。

车到山前必有路，水到滩头定有沟。

路逢险处难回避，事到头来不自由。

身后有余忘缩手，眼前无路想回头。

儿孙自有儿孙福，莫为儿孙做马牛。

英雄有用武之地，致富无后顾之忧。

桃李杏春风一家，松竹梅岁寒三友。

四面湖山收眼底，万家忧乐到心头。

　　一不做，二不休，扳倒葫芦泼掉油。老吾老，以及人之老；幼吾幼，以及人之幼。枕堆书册，千秋圣贤并头；

扇画山河，一统乾坤在手。学如逆水行舟，不进则退；心似平原跑马，易放难收。是非窝里，人用口，我用耳；热闹场中，人向前，我落后。人有七情，喜怒哀惧爱恶欲；经存六籍，诗书礼乐易春秋。享现在之福如点灯，随点则随灭；培将来之福如添油，愈添则愈久。天欲祸人，必先以微福骄之，所以福来不必喜，要看会受；天欲福人，必先以微祸儆之，所以祸来不必忧，要看会救。

太公钓鱼　愿者上钩

口拙者，无是非；眼拙者，无怨怼。愚在表，智在内，勤补拙，大智慧。

公则生明，廉则生威。天生万物，唯人为贵。理无常是，事无常非。近朱者赤，近墨者黑。百善可做，一恶莫为。平安是福，自由宝贵。得宠思辱，居安思危。枕头不对，越睡越累。上和下睦，夫唱妇随。燕瘦环肥，各尽其美。人离乡贱，物离乡贵。人在病中，百念俱灰。穷勿信命，病勿信鬼。身闲为富，心闲为贵。见利争让，闻义争为。崇人之德，扬人之美。道高益安，势高益危。淡泊名利，一清如水。拾金不昧，于心无愧。日中则移，月满则亏。宁为鸡头，不为凤尾。地由人种，事在人为。归师勿掩，穷寇莫追。急中生智，定静生慧。宁欺生人，莫欺死鬼。曲生何乐，直死何悲。面目可憎，语言无味。当今之世，舍我其谁。廉者憎贪，信者疾伪。死人身边，还有活鬼。见可而进，知难而退。不知深浅，切勿下水。一言既出，驷马难追。狗仗人势，狐假虎威。当面是人，背后是鬼。做贼心虚，盗墓怕鬼。兔死狐悲，物伤其类。恶狗畏槌，恶人惊雷。王子犯法，与民同罪。蓬生麻中，不扶而直；白沙在涅，与之俱黑。能吃能睡，长命百岁；贪吃贪睡，添病减岁。舒心之酒，千杯不醉；知心之话，万言不赘。不拼不搏，人生白活；不苦不累，生活无味。

处世忌太洁，至人贵藏辉。秉公理自直，无私必无畏。道义无今古，功名有是非。途穷天地窄，世乱生死微。施恩不求报，与人不追悔。捐躯赴国难，视死忽如归。明知不是伴，事急且相随。好事须相让，坏事莫相推。有为才有位，有位更有为。不下无情手，难解眼前危。德厚者流光，德薄者流卑。自知不自见，自爱不自贵。患生于所忽，祸生于细微。肚饿糠也好，饭饱肉嫌肥。脚长沾露水，嘴长生是非。为了一张嘴，走直两条腿。钱益多而轻，物益少而贵。往者不可谏，来者犹可追。无以小害大，无以贱害贵。人红大家吹，墙倒众人推。闲人无乐趣，忙人无是非。贵人临贱地，蓬荜大生辉。饵引鱼上钩，礼拉人下水。白天不说人，晚上不说鬼。行得夜路多，终会遇着鬼。书为晓者传，事为识者贵。满纸荒唐言，一把辛酸泪。男儿两行泪，不欲等闲垂。法存则国安，法亡则国危。上能同甘苦，下能同安危。一心忙似箭，两脚走如飞。人得道哄人，鬼成仙骗鬼。蛇无头不走，雁无头不飞。宁做蚂蚁腿，不学麻雀嘴。海阔凭鱼跃，天高任鸟飞。生持节操心，死做坚贞鬼。腹中书万卷，身外酒千杯。树深烟不散，溪静鹭忘飞。寒雪梅中尽，春风柳上归。冷眼观升降，平心论是非。人勤春来早，草发牲畜肥。弓硬弦易断，人强祸必随。少壮不努力，老大徒伤悲。信书成自误，经事渐知非。闭门读奇书，开门迎高客，入门乐天伦，出门寻山水。共处谦是宝，相交和为贵。谁言寸草心，报得三春晖。博览增知识，钱财惹是非。安步以当车，无罪以当贵。

　　静坐常思己过，闲谈莫论人非。息却雷霆之怒，罢却虎狼之威。临事有长有短，与人不激不随。醉者自言我醒，醒者自言我醉。防己沽名钓誉，防人脸厚心黑。幼年有泪无忧，晚年有忧无泪。勿傲才以骄世，不恃宠而作威。君子本无私惠，岂向他人谄媚。何须门上有神，但求心中无愧。快马不用鞭催，响鼓无须重槌。贫者因书而富，富者因书而贵。单蜂酿不成蜜，独龙治不了水。但看花开花落，不言人是人非。有志不在年高，无谋空言百岁。懒惰埋葬天才，勤劳产生智慧。

竹密不妨流水过，山高岂碍白云飞。青山只解磨今古，流水何曾洗是非。守己不贪终是稳，利人所有定遭亏。事后才知事前错，老年方觉少时非。勿以恶小而为之，勿以善小而不为。鸡蛋碰不过石头，胳膊扭不过大腿。狗串门子挨棒槌，人串门子惹是非。平生最爱鱼无舌，游遍江湖少是非。人无脾性无人畏，火不烧山地不肥。山川依旧我如我，世事如今谁怕谁。书分可见不可见，事当有为有不为。贫家莫夸祖上贵，好汉何惧出身微。光阴好比江河水，只能流去不能回。青云有路终须到，金榜无名誓不归。不拿油瓶手不腻，不摸锅底手不黑。身正不怕影子斜，德高何忧生是非。

常把一心行正道，自然天地不相亏。

裤子长了要绊腿，心眼多了要受累。

百经挫折心不屈，屡遭坎坷志不颓。

佛说三毒贪嗔痴，疗毒三法戒定慧。

不言之中传妙谛，于无声处听惊雷。

时来风送滕王阁，运去雷轰荐福碑。

心将流水同清静，身与浮云无是非。

衣带渐宽终不悔，为伊消得人憔悴。

唯将终夜长开眼，报答平生未展眉。

劝君莫打春来鸟，儿在巢中望母归。

业精于勤荒于嬉，行成于思毁于随。

青出于蓝胜于蓝，冰生于水寒于水。

多读书知礼明义，少饮酒无是无非。

做人须问心无愧，创业要尽力而为。

反观自己难全是，细论他人未尽非。

人世难逢开口笑，好花须插满头归。

人前若爱争长短，人后必然说是非。

清官难断家务事，巧妇难为无米炊。

鸟靠翅膀兽靠腿，人靠智慧鱼靠尾。

老来不讲筋骨威，英雄还在少年堆。

老夫不言当年勇，好汉不吃眼前亏。

人非知己休全托，事若亏心切莫为。

谦虚为美德增色，知识令蓬门生辉。

有关家国书常读，无益身心事莫为。

荣宠旁边辱等待，贫贱背后福跟随。

名利求之应有道，得之欣然失莫悲。

　　行年五十，始知四十九非。卧榻之侧，岂容他人鼾睡。人不自爱，则无所不为；人不谨慎，则一无所为。图未就之功，不如保已成之业；悔既往之失，不如防将来之非。不与居积人争富，不与进取人争贵，不与矜饰人争名，不与简傲人争礼节，不与盛气人争是非。门如市，心如水，一尘不染；提得起，放得下，百事敢为。把住自己的嘴，清静如水；拴住自己的腿，足不沾灰；管住自己的手，甘愿吃亏；收住自己的心，无私无畏。

燕瘦環肥　各盡其美

先睡心，后睡眼。宁走远，不走险。一只眼，看不远；千只眼，看穿天。偷来钱，两三天；血汗钱，万万年。眼不见，嘴不馋，耳不听，心不烦。风息时，休起浪；岸到处，便离船。私心重，骨头软；心胸阔，天地宽。人在干，天在看；人能算，天能断。

远在天边，近在眼前。千经万典，孝悌为先。一日夫妻，百世姻缘。隐恶扬善，谨行慎言。有则改之，无则加勉。宁为玉碎，不为瓦全。学而不厌，诲人不倦。白石似玉，奸佞似贤。上有所好，下必甚焉。不以规矩，不成方圆。多财益愚，读书希贤。利居众后，责在人先。读书种田，早起迟眠。缘来惜缘，缘去随缘。兵来将挡，水来土掩。钟在寺里，声在外边。无辩息谤，无争止怨。老当益壮，穷且益坚。建国君民，教学为先。穷巷多怪，曲学多辩。酒多人癫，书多人贤。生有壮志，死无杂念。读书百遍，其义自见。谋事在人，成事在天。因上精进，果上随缘。一方有难，八方支援。一人得道，鸡犬升天。逢人减岁，遇货加钱。君无戏言，官不悔变。星星之火，可以燎原。物极必反，数穷则变。见微知著，防微杜渐。寄人篱下，有苦难言。杀人偿命，欠债还钱。双眼半开，留在婚后；双眼睁开，要在婚前。改过宜勇，迁善宜速；迷途知返，得道未远。一树之果，有酸有甜；一母之子，有愚有贤。井底之蛙，所见不大；萤火之光，其亮不远。人能读书，即为有福；我欲去谤，莫如无言。一不积财，二不结怨，睡也安然，走也方便。好赊好还，再赊不难。有盐同咸，无盐同淡。睡得地板，当得老板。与其苦熬，不如苦干。吃千吃万，不如吃饭。少食多餐，病好自安。学仙容易，做佛艰难。贪生怕死，人畜一般。心术不正，行为不端。绳锯木断，水滴石穿。歪头好治，瘸筋难缠。清能有容，仁能善断。薄利多销，货如轮转。风调雨顺，国泰民安。激浊扬清，疾恶好善。在上不骄，在下不谄。兼听则明，偏听则暗。智者乐水，仁者乐山。亲为亲好，邻为邻安。盐多了咸，话多了烦。有话则长，无话则短。可以意会，不可言传。虚怀若谷，清气若兰。虎怕离山，人怕孤单。独虎好擒，众怒莫犯。不怕县官，只怕现管。不怕路远，只怕志短。不见儿长，只见衣短。士别三日，刮目相看。事有凑巧，物有偶然。但求心宽，何须升官。宁叫心宽，莫叫身宽。此身如寄，随遇而安。当断不断，反受其乱。欠债要清，许愿要还。百里之行，九十为半。君子报仇，十年未晚。辅车相依，唇亡齿寒。韩信点兵，多多益善。事情做完，睡下心安。取人之长，补己之短。父兄失教，子弟不堪。道路各别，养家一般。光说不算，做出再看。公事公办，敲钟吃饭。不经冬寒，不知春暖。不怕山高，就怕脚软。苦海无边，回头是岸。迷途知返，千金不换。安不忘危，治不忘乱。打虎不着，反被虎伤；放虎归山，必有后患。名为山人，心同商贾；口谈道德，心存高官。见异思迁，土堆难翻；专心致志，高峰能攀。傲不可长，欲不可纵，乐不可极，志不可满。择路宜直，助人宜曲，谋事宜秘，处人宜宽。凡是自是，便是一是；有短护短，更添一短。鸟之将亡，其鸣亦哀；人之将死，其言亦善。终身让路，不枉百步；终身让畔，不失一段。

人情淡始知，世事静方见。为官须做相，及第必争先。志存九天外，龙游云海间。品行有高低，职业无贵贱。生处好寻钱，熟处好过年。花开在春天，人学在少年。不听老人言，吃亏在眼前。莫道桑榆晚，为霞尚满天。客来茶当酒，意好水也甜。耽误一夜眠，十夜补不全。鸡鸣须早起，犬吠莫安眠。古来冤枉事，皆在路途间。憾事人人有，好事古难全。生活如爬山，身体是本钱。年轻勤锻炼，老来身体健。吃过黄连苦，方知甘草甜。好俏不穿棉，冻死不可怜。妇女半边天，事事都抢先。勇向潮头立，敢为天下先。忙中多错事，酒后吐真言。未晚先投宿，鸡鸣早看天。七窍里冒火，五脏里生烟。谨防怒里性，慢发喜中言。困难欺懒汉，你硬它就软。有恩当须报，无仇莫结怨。三百六十行，行行出状元。临官莫如平，临财莫如廉。老禾不早杀，余种秽良田。富人思来年，穷人顾眼前。坐得船头稳，不怕浪来颠。顺情说好话，耿直惹人嫌。好话重三遍，鸡犬也讨厌。日长无好饭，客长无笑脸。他急我不急，人闲心不闲。淡泊以明志，宁静以致远。读书知识广，修德子孙贤。女大十八变，牡丹显红艳。理正不怕官，心正不怕天。待小人宜宽，防小人宜严。河宽水不急，心宽体更健。漏网的鱼大，离去的妻贤。万恶淫为首，百行孝当先。丈夫非无泪，不洒别离间。但愿人长久，千里共婵娟。国以民为本，民以食为天。政以廉为本，家以和为先。有容德乃大，无欲心自闲。有愁皆苦海，无病即神仙。若要人不知，除非己莫为；若要人不闻，除非己不言。人有前后眼，富贵一千年；人无前后眼，祸害一千年。高洁寒梅笑，清白荷花欢，正直苍松劲，虚怀翠竹坚。名利淡如水，事业重如山。知足心常乐，能忍身自安。瓜田不纳履，李下莫弹冠。补多微觉重，老瘦渐嫌宽。虎瘦雄心在，人穷志不短。利莫大于治，害莫大于乱。桶无箍会散，家无主会乱。在家千日好，出外半朝难。赶路怕脚懒，学习怕自满。只要先上船，自然先到岸。不是撑船手，休要提篙竿。亏心事莫做，枉法钱莫贪。难合亦难分，易亲亦易散。羊肉不曾吃，空惹一身膻。山不转路转，河不弯水弯。火不烧青苗，民不告清官。若要小儿安，三分饥和寒。少成若天性，习惯成自然。穷人无穷山，穷山够你搬。从俭入奢易，从奢返俭难。小船掉头快，大象翻身难。牛头煮不烂，捅火再加炭。火到猪头烂，功到事好办。有饭休嫌淡，有车休嫌慢。官无三日紧，倒有七日宽。徇情难为法，不徇难为官。不怕闹得欢，就怕拉清单。左右没是处，来往做人难。居心平若水，负德重如山。慷慨杀身易，从容就义难。胆大得一半，胆小得一看。书本不常翻，犹如一块砖。马好不在鞍，人美不在衫。花开遭雨打，雨止花又残。赶路只怕站，困难只怕钻。劝人出世易，事到临头难。莫将容易得，便作等闲看。人情淡如水，世路本艰难。行修而名立，理得则心安。愚而好自用，贱而好自专。轻诺必寡信，多易必多难。采菊东篱下，悠然见南山。书中乾坤大，笔下天地宽。为学始知道，不学亦徒然。人当重晚节，白首心勿贪。夕阳无限好，高处不胜寒。糊涂账长算，家务事难断。打人休打脸，骂人休揭短。你当你的官，我耕我的山。

好饭不怕晚，趣话不嫌慢。鸡多不下蛋，媳多懒洗碗。吃人家的饭，看人家的脸；端人家的碗，受人家的管。用人与教人，二者却相反，用人取其长，教人责其短。法正天心顺，官清民自安，妻贤夫祸少，子孝父心宽。

摆渡摆到河边，送佛送到西天。为善流芳百世，为恶遗臭万年。水大漫不过船，手大遮不住天。热不占人风头，冷不占人炉前。工作莫落人后，利益莫跑人前。当官务持大体，为政不在多言。高山不会碰头，活人总会见面。生前何必久睡，死后自会长眠。不以英雄自居，但以英雄自勉。真金不怕火炼，好货不怕试验。投亲不如访友，访友不如下店。盖得住的是火，藏不住的是烟。

口说不如身逢，耳闻不如眼见。有猷有为有守，立德立功立言。忠孝吾家之宝，经史吾家之田。读书随处净土，闭门即是深山。于书无所不读，凡物皆有可观。处世唯求敬简，逢人各道平安。奴气讨人厌烦，忠诚令人喜欢。事亲须当养志，爱子勿令偷安。世路如今已惯，此心到处悠然。有志者肝胆壮，无私者天地宽。生死置之度外，万事顺其自然。哀莫大于心死，悲不过于志短。话怕三头对面，事怕挖根掘蔓。一马不配两鞍，一脚不踏两船。有米不怕晏饭，有盐不怕鱼烂。天才源自勤奋，伟大出于平凡。读书即未成名，究竟人高品雅；修德不期获报，自然梦稳心安。凡事由其自然，遇事处之泰然，得意之时淡然，失意之时坦然，艰辛曲折必然，历经沧桑悟然。因为无能为力，所以顺其自然；因为心无所恃，所以随遇而安。

修己以清心为要，涉世以慎言为先。成事在理不在势，服人以诚不以言。山寺日高僧未起，算来名利不如闲。人生知足何时足，到老偷闲且是闲。天若有情天亦老，月如无憾月常圆。生老病死人人有，谁得长生永少年。言多语失皆因酒，义断亲疏只为钱。文章草草皆千古，仕宦匆匆只十年。买卖场中少实话，君子口里无戏言。养成大拙方为巧，学到如愚才是贤。事若求全无可乐，人非看破不能闲。自古华山一条路，险道难似上青天。路逢尽处还开径，水到穷时再发源。

侵人田土骗人钱，荣华富贵不多年。

只要手中收白物，哪知头上有青天。

山中人唯知自乐，天下事不在多言。

教子教孙须教义，积善积德胜积钱。

不求金玉重重贵，但愿儿孙个个贤。

无德可称徒富贵，有钱难买是清闲。

辛苦莫忘晨夜读，买书钱是绩麻钱。

行囊羞涩都无恨，难得夫妻是少年。

圣人不以智轻俗，王者不以人废言。

人生芳秽有千载，世上荣枯无百年。

水流任急境常静，花落虽频意自闲。

一激之怒炎于火，三寸之舌芒于剑。

要和别人比种田，勿与别人比过年。

从来好事天生俭，自古瓜儿苦后甜。

含愁欲说心头事，鹦鹉之前不敢言。

人生谁无麦城路，大步前行艳阳天。

发家致富勤为本，教子成才德在先。

无情岁月增中减，有味诗书苦后甜。

打铁要自己把钳，种地要自己下田。

九州有路休为客，百岁无愁即是仙。

水唯善下方成海，山不矜高自极天。

少而寡欲颜常好，老不求官梦亦闲。

有酒当能醉三日，无书难以过一天。

有事但逢君子说，是非休听小人言。

万事谁能知究竟，人生最怕是流言。

谗言败坏真君子，美色消磨狂少年。

人世间劳动最贵，家庭内勤俭为先。

治大国若烹小鲜，防小人唯宽严远。

千江有水千江月，万里无云万里天。

一枝独秀不是春，百花齐放春满园。

世上若要人情好，赊去物件不取钱。

世事每从宽处乐，人伦常在忍中全。

忠孝立身真富贵，文章行世大神仙。

五谷杂粮营养全，既益身体又省钱。

无药可延父母寿，有书可教子孙贤。

大道劝人三件事，戒花戒酒莫赌钱。

分明指与平川路，却把忠言当恶言。

随分耕锄收地利，他日饱暖谢苍天。

休嫌家舍简与陋，天涯无处似家园。

明知征途有艰险，越是艰险越向前。

采得百花成蜜后，不知辛苦为谁甜。

家有余粮鸡犬饱，户多书籍子孙贤。

不作风波于世上，但留清白在人间。

勿因群疑阻独见，勿任己意废人言。

百世修来同船渡，千世修来共枕眠。

得成比目何辞死，愿做鸳鸯不羡仙。

传家二字耕与读，防家二字盗与奸，

倾家二字淫与赌，守家二字勤与俭。

书到用时方恨少，事非经过不知难。

成败极知无定势，是非元自要徐观。

洞明世事胸襟阔，阅尽人情眼界宽。

立身苦被浮名累，涉世无如本色难。

闲中觅伴书为上，身外无求睡最安。

古古今今多更改，贫贫富富有循环。

读有益书精力旺，行无愧事梦魂安。

马不知自己脸长，牛不知自己角弯。

吃了人家的口软，拿了人家的手短。

行无利己心机少，事不求人眼界宽。

人能克己身无患，事不欺心睡自安。

长恨人心不如水，等闲平地起波澜。

将相头顶堪走马，公侯肚内好撑船。

世间唯有读书好，天下无如吃饭难。

不愿文章中天下，只愿文章中考官。

并非有钱就快乐，问心无愧心最安。

清风两袖朝天去，免得闾阎话长短。

今晚脱了鞋和袜，未审明朝穿不穿。

生死中年两不堪，生非容易死非甘。

老病死生谁替得，酸甜苦辣自承担。

仕宦芳规清慎勤，饮食要诀缓暖软。

兄弟同心金不换，妯娌齐心家不散。

冰雹单打无根草，白浪先冲逆水船。

穿袜不知脚下暖，脱袜才知脚下寒。

儿时只道为官好，老去方知行路难。

眼中有尘天地窄，心头无事一床宽。

富不爱看贫无暇，世间唯有读书难。

新松恨不高千尺，恶竹应须斩万竿。

气清更觉山川近，意远从知宇宙宽。

江头未是风波恶，别有人间行路难。

谦虚受益存风格，任性招灾惹谤谗。

闲中立品无人觉，淡处逢时自古难。

做戏何如看戏乐，下台更比上台难。

为人当于世有益，凡事求其心所安。

无事不登三宝殿，有钱难买一身安。

无事且从闲处乐，有书时向静中观。

不会游泳别下海，不做牺牲莫做官。

财多名大多烦恼，遵纪守法多平安。

知音说与知音听，不是知音莫与弹。

好言一句三冬暖，恶语出唇六月寒。

钱财入手非容易，失处方知得处难。

人心不足蛇吞象，世事到头螳捕蝉。

粗茶淡饭有真味，明窗净几居亦安。

大河有水小河满，大河无水小河干。

大风吹倒梧桐树，自有旁人说长短。

相见时难别亦难，东风无力百花残；

春蚕到死丝方尽，蜡炬成灰泪始干。

知足是人生一乐，无为得天地自然。

时时为善时时乐，处处守身处处安。

毛毛细雨湿衣裳，流言蜚语伤好汉。

自古雄才多磨难，从来纨绔少伟男。

一点公心平似水，十分生意稳如山。

患得患失前路窄，心底无私天地宽。

养心莫善于寡欲，养廉莫善于止贪。

淡如秋菊何妨瘦，清到梅花不畏寒。

贤者所怀虚若竹，文人之气静如兰。

丰年莫忘歉年苦，饱时当思饥时难。

才能济世何须位，学不宜民枉为官。

为民心似春天暖，工作情同夏日炎，

反腐好比秋风厉，斗敌犹如冬雪寒。

黄麻搓绳扯不断，毛竹成捆压不弯。

贫不卖书留子读，老犹栽竹与人看。

为人莫说成人易，涉世方知处事难。

到处有缘到处乐，随时本分随时安。

行得正，走得端，三条大道走中间。单打鼓，独划船，盖世英雄也枉然。不怕慢，就怕站，不走弯路就好办。没有爬不过的高山，没有闯不过的险滩。宽其心容天下之物，虚其心受天下之善，平其心论天下之事，潜其心观天下之理，定其心应天下之变。安得广厦千万间，大庇天下寒士俱欢颜。安能摧眉折腰事权贵，使我不得开心颜。有志者自有千计万计，无志者才叫千难万难。苍蝇不叮无缝的鸡蛋，酒油不漏无缝的瓷盘。不贪权，敞户无险；不贪杯，心静身安。滴水穿石，非一日之功；冰冻三尺，非一日之寒。要说穿，还是粗布衣；要说吃，还是家常饭。洒扫庭除，要内外整洁；关锁门户，必亲自检点。兄弟叔侄，须分多润寡；长幼内外，宜法肃辞严。人不畏死，不可惧以罪；人不乐生，不可劝以善。海瑞漾清风，壮心填海；天祥存正气，苦胆忧天。坐井观天，只有一孔之见；登高望远，方知天外有天。一粥一饭，当思来处不易；半丝半缕，恒念物力维艰。喜闻人过，莫若喜闻己过；乐道己善，何如乐道人善。余钱剩饭，尽可救人之饥；旧絮粗衣，亦可救人之寒。莫嫌茶水淡，须知淡中有味；休言菜根苦，要在苦中求甜。读书好，耕田好，学好便好；创业难，守成难，知难不难。轻财帛，淡名利，心胸坦然；不违法，不乱纪，福寿双全。心有三爱，奇书骏马佳山水；园栽四物，青松翠竹白梅兰。贵有恒，何必三更睡五更起；最无益，莫过一日曝十日寒。生意兴隆，从兴隆中找生意；财源茂盛，自茂盛里辟财源。愿天下有情人，都能成眷属；是前生注定事，莫错结姻缘。积德若为山，九仞高休亏一篑；容人须学海，十分满尚纳百川。天下无不可化之人，但恐诚心未至；天下无不可为之事，只怕立志不坚。无事莫生事，有事不畏事，此之畏解事；在官勿旷官，去官勿恋官，乃可以服官。路逢险处，为人辟一步周行，便觉天宽地阔；遇到穷时，使我留三分抚恤，自然理顺心安。祖宗富贵，自诗书中来，子孙享富贵而贱诗书；祖宗家业，自勤俭中来，子孙得家业而忘勤俭。万念由心灭，万法由心生，修身只是修心，心无二用；百病从口入，百祸从口出，守道何如守口，口要三缄。吃百姓之饭，穿百姓之衣，莫道百姓可欺，自己也是百姓；得一官不荣，失一官不辱，勿说一官无用，地方全靠一官。

海瑞漾清风　壮心填海

走平地，防摔跤；顺水船，防暗礁。天多雨，庄稼涝；人多语，性情躁。大欺小，不公道；大帮小，呱呱叫。吃得亏，坐一堆；要得好，大做小。恼一恼，老一老；笑一笑，少一少。读良书，饮美酒，接高人，谈妙道。是好人，有好报。开诚心，布公道。

以财为草，以身为宝。本钱易寻，伙计难讨。独柴难烧，独子难教。有子不教，不如不要。人靠心好，树靠根牢。心宽福厚，量小禄薄。富多施舍，智勿炫耀。德行要好，风水甭讨。大不欺小，壮不欺老。事大事小，说了就了。等船难到，等人易老。基础不牢，地动山摇。江湖愈老，胆子愈小。人无刚骨，安身不牢。心比天高，命比纸薄。事在人为，境由心造。没有功劳，也有苦劳。没有最好，只有更好。家有一老，犹如一宝。熟能生巧，巧能生妙。头痛医头，脚痛医脚。因材施教，照方发药。洗头泡脚，胜过吃药。羊羹虽美，众口难调。三饱一倒，长生不老。不怕年老，就怕躺倒。为善最乐，为恶难逃。滴水之恩，涌泉相报。读书畏考，种田畏草。农夫去草，嘉谷必茂。说到做到，不放空炮。学海无涯，生财有道。经师易遇，人师难遭。凡事要好，须问三老。宠狗上灶，宠子不孝。举不失德，赏不失劳。说说笑笑，通了七窍。扫帚不到，灰尘不跑。若争小可，便失大道。老茶是草，新茶是宝。酒中含毒，色上藏刀。年年防饥，夜夜防盗。岁月无情，长寿有道。早餐吃饱，午餐吃好，晚餐吃少，健康到老。一丝一粒，我之名节；一厘一毫，民之脂膏。善有善报，恶有恶报，不是不报，时候未到，时候一到，一切都报。

天高不算高，人心比天高；白水变酒卖，还嫌猪无糟。善恶随人做，祸福自己招。利之中取大，害之中取小。贫寒休要怨，富贵不须骄。有多大的头，戴多大的帽。莫道舌头软，伤人快似刀。人拉着不走，鬼拉着飞跑。无矜威益重，无私功自高。处世言行正，为人品德高。天若无雪霜，青松不如草。俸薄俭自足，官小清自高。君子之德风，小人之德草。一人一把号，各吹各的调。名节重泰山，利欲轻鸿毛。要人说句好，一世苦到老。莫做墙头草，风来两边倒。没有四两铁，哪敢打大刀。会当凌绝顶，一览众山小。处无为之事，行不言之教。多下及时雨，少放马后炮。两人不看井，一人不进庙。内行看门道，外行看热闹。笑话常有道，酒话不可靠。劣才难成器，朽木不可雕。人勤地产宝，人懒地长草。上山弯弯腰，回家有柴烧。人多力量大，柴多火焰高。冷水要人挑，热水要人烧。任它雪山高，日出冰自消。大树砍不倒，小草站不牢。好狗不挡道，好猫不睡灶。和得邻里好，犹如拾片宝。不因渔父引，怎得见波涛。基础打不牢，学问攀不高。闲时不烧香，急时抱佛脚。做事不用脑，吃力不讨好。生气催人老，一笑十年少。阳光是个宝，常晒身体好。劝君莫烦恼，烦恼人易老。莫笑他人老，终须还到老。物以稀为贵，人以品论高。寅卯睡得着，胜于吃补药。脑越用越灵，手越用越巧。学者如牛毛，成者如麟角。国清才子贵，家富小儿骄。万般皆下品，唯有读书高。有理言自壮，负屈声必高。实话验不倒，谎言怕追考。早睡早起身，好比吃人参；早起动动腰，一天不疲劳。莫说年纪小，人生容易老；莫说时候早，一去没处找。慢走跌不倒，小心错不了。留得青山在，不怕没柴烧。

不与浑人辩理，不与恶狗争道。不骑马不摔跤，不打水不掉筲。吃尽味道盐好，走遍天下娘好。严肃不可孤僻，活泼不可风骚。横财多有横祸，早贵多半早夭。但知口中有剑，不知袖里藏刀。话多不如话少，话少不如话好。山水依然清秀，文章独领风骚。隐居以求其志，行义以达大道。廉者一尘不染，明者细察秋毫。做事不违民心，处世不背天道，任你半夜敲门，我自安眠睡觉。为人若肯学好，羞甚担柴卖草；为人若不学好，夸甚尚书阁老。世上人事无穷，越干越做不了；我辈光阴有限，越闲越见清高。

蚂蚁爬树不怕高，有心学习不怕老。鸟随鸾凤飞腾远，人伴贤良品行高。每闻善事心先喜，得见奇书手自抄。寒风打死单根草，洪水冲垮独木桥。海水无风浪不高，树上无风枝不摇。天不生无用之人，地不长无名之草。话如箭越直越好，计如弓越曲越好。一个鸡蛋吃不饱，一身臭名背到老。

春花不红不如草，少年不美不如老。

力排南山三壮士，齐相杀之费二桃。

入山不怕伤人虎，只怕人情两面刀。

富贵如风中秉烛，利名似水上浮瓢。

好义固为人所钦，贪利乃为鬼所笑。

名利本为浮世重，古今能有几人抛。

贤者不炫己之长，君子不夺人所好。

活时只恨钱财少，死时方知财非宝。

为人处世两件宝，和为贵来忍为高。

公道世间唯白发，贵人头上不曾饶。

眉开眼笑三分宝，唉声叹气财运倒。

利刀割肉疮还合，恶语伤人恨不消。

忍字中间一把刀，不忍分明把祸招。

享受减几分为好，处世忍一下为高。

做人莫学无砣秤，三分成绩尾就翘。

要学流水自己走，莫学朽物水上漂。

午饭过后睡一觉，健健康康活到老。

数数家中三件宝，丑妻薄地破棉袄。

赤日炎炎似火烧，野田禾稻半枯焦，
农夫心内如汤煮，公子王孙把扇摇。

无欲自然心如水，有营何止事如毛。

无求到处人情好，不饮任他酒价高。

不会抽烟费烟草，不会说话惹人恼。

饮酒不醉方为高，见色不迷是英豪。

有情良朋贫可往，无义至亲富莫交。

非亲有义须当敬，是友无情不可交。

纸花虽靓怕雨浇，尼龙虽好怕火烧。

葫芦劈开才是瓢，种子下地才成苗。

蜚短流长难保密，好饶舌者不可交。

何必坟头烧高香，只求床前多行孝。

染缸扯不出白布，脏水洗不净手脚。

今年花似去年好，去年人到今年老。

老虎不走回头路，兔子不吃窝边草。

财迷心窍志必小，官迷心窍品难高。

事能知足心常泰，人到无求品自高。
他走他的阳关道，我走我的独木桥。
花因色娇遭蝶采，雀因声巧被笼牢。
胆大锯龙头上角，心雄拔虎嘴边毛。
书生报国无长物，唯有手中笔似刀。
好马不吃回头草，好汉不吃后悔药。
待人宽三分是福，处世让一步为高。
识时务者为俊杰，通机变者是英豪。
略知孔子三分礼，不犯萧何六尺条。
一柱擎天头势重，十年踏地脚根牢。
半部论语治天下，一代风流看今朝。

　　说归说，笑归笑，动手动脚没家教。忍自忍，饶自饶，忍饶相加祸自消。不做中，不做保，不做媒人三代好。虎在软地上易失足，人在甜言里易摔跤。繁华的马路不长草，聪明的脑袋不长毛。贪小利终会吃大亏，做恶人毕竟无好报。干得多不如干得好，来得早不如来得巧。住场好不如肚肠好，坟场好不如心肠好。书中结良友，千载奇逢；门内产贤郎，一家活宝。受享过分，必生灾害之端；举动异常，每为不祥之兆。见飞花落絮，莫惜春老色退；仰翠竹苍松，当效节亮风高。莫怨自己穷，穷有穷的乐趣；莫羡他人富，富有富的烦恼。书画是雅事，一贪痴便成商贾；山林是胜地，一营恋便成市朝。人心常带三分忧患，则事业可成；人身常带三分疾病，则性命可保。无贪心，无私心，心存清白真快乐；不寻事，不怕事，事留余地自逍遥。

见飞花落絮　莫惜春老色退
仰翠竹苍松　当效节亮风高

灯不亮，要人拨；事不明，要人说。看得破，忍不过。图虚名，遭实祸。天作孽，犹可为；自作孽，不可活。

人世沧桑，有分有合；岁月长河，潮起潮落。光阴似箭，日月如梭。水到渠成，瓜熟蒂落。公不离婆，秤不离砣。足寒伤心，民寒伤国。日久生变，夜长梦多。趁热打铁，顺风煽火。击石生火，激人成祸。嫉恶如仇，闻善不惑。竹子根多，小人心多。危叶畏风，惊禽易落。不是鱼死，就是网破。情因年少，酒因境多。宁叫做过，莫要错过。宁可卖锅，不可卖窝。学以为耕，文以为获。天燥有雨，人躁有祸。话不在多，人不在说。沉默是金，寡言鲜过。团结紧张，严肃活泼。

将相不和，国必有祸。看水行船，见风使舵。做牛要拖，做人要磨。肉要热吃，话要明说。有酒学仙，无酒学佛。苦日难熬，欢时易过。人非圣贤，孰能无过。如切如磋，如琢如磨。学贵有恒，勤能补拙。好人多难，好事多磨。闲人愁多，忙人快活。上马杀贼，下马学佛。和尚念经，南无南无。放下屠刀，立地成佛。不求有功，但求无过。人无所舍，必无所成；心无所依，必无所获。

黄金未为贵，安乐值钱多。情深恭敬少，知己笑谈多。室雅何须大，花香不在多。生子莫生多，生多换破锅。生活不简单，尽量简单过。富嫌千口少，贫恨一身多。养将一子孝，何用子孙多。明月不常圆，好花容易落。山高皇帝远，水深鬼怪多。庙小妖风大，池浅王八多。佛祖心头坐，酒肉穿肠过。有毒的不吃，犯法的不做。口里叫哥哥，手里摸家伙。懒牛屎尿多，懒人明天多。人在世上炼，刀在石上磨。空车响声大，浮人空话多。心静乾坤大，欲少智慧多。吉人之辞寡，躁人之辞多。待人要平和，讲话勿刻薄。漂亮话好说，漂亮事难做。过头话莫说，便宜事少做。心宽忘屋窄，野旷得天多。节食则无疾，择言则无祸。人在家中坐，祸从天上落。住在狼窝边，小心不为过。是福不是祸，是祸躲不过。斗室何妨陋，奇书不厌多。塞北梅花少，江南美女多。野花偏艳目，村酒醉人多。哑巴吃黄连，有苦没法说。欲知过去因，当看现在果。人穷双月少，衣破半风多。善不由外来，名不可虚作。看破不说破，大家都好过。树直用处多，心正朋友多。益友百个少，损友一个多。富甚足忧烦，贫甚多饥饿，要于贫富间，知足随缘过。劝君少干名，名为锢身锁；劝君少求利，利是焚身火。儿孙胜于我，要钱做什么；儿孙不如我，要钱做什么。明日复明日，明日何其多，我生待明日，万事成蹉跎。

路休不看就走，话休不想就说，友休不择就交，事休不算就做。黄连救人无功，人参杀人无过。东西越用越少，学问越学越多。关上门我怕谁，打开门谁怕我。鱼离水则鳞枯，心离书则神索。不蹈无人之室，不入有事之门，不进是非之场，不处藏物之所。摸着石头过河，踏着实地爬坡。读书志在圣贤，为官心存君国。是非自有公论，功过后人评说。

没有过不去的河，没有爬不上的坡。只要精神不滑坡，办法总比困难多。强中更有强中手，恶人终受恶人磨。世间好话书说尽，天下名山僧占多。行有分寸错误少，食无节制疾病多。发财之路诱惑多，一时不慎进漩涡。贤者多财损其志，愚者多财生其过。聪明得福人间少，侥幸成名史上多。知恩报恩天下少，反面无情世间多。一场官司一场火，任你好汉没处躲。谁说白发无根蒂，只为穷愁种得多。知事少时烦恼少，识人多处是非多。酒逢知己千杯少，话不投机半句多。

会使不在家豪富，风雅不在着衣多。

妆未梳成不见客，不到火候不揭锅。

真读书人天下少，不如意事古今多。

人逢喜事精神爽，闷上心来瞌睡多。

路不常走草成窝，坐立不直背变驼。

井枯方觉水可贵，无猫才知老鼠多。

酒常知节狂言少，心不能清乱梦多。

养子不教父之过，养女不周娘之错。

一根草搓不成索，一根篾编不成箩。

积德百年元气厚，读书三代雅人多。

种田不勤收获少，养儿不教祸害多。

一分价钱一分货，十分价钱买不错。

世事茫茫如大海，人生何处无风波。

宽大的衣服不破，商量的事情没错。

讲别人口若悬河，说自己嘴上缝索。

今天工作不努力，明天努力找工作。

路漫漫其修远兮，吾将上下而求索。

不使良善者受冤枉，不使奸恶者得逃脱。仁厚为儒家治术之本，虚浮为今人处世之祸。物力艰难，要知吃饭穿衣，谈何容易；光阴迅速，即使读书行善，能有几多。上为父母，中为己身，下为儿女，做得清方了却平生事；立上等品，为中等事，享下等福，守得定才是个安乐窝。富贵是无情之物，你看得它重，它害你越大；贫贱是耐久之交，你处得它好，它益你必多。

兵败如山倒　胜者似潮来

路不平，众人踩；理不平，大家摆。一分利，一分害；不贪财，总自在。去了钱，学了乖；退了财，折了灾。睡不着，嫌床歪。先清债，后慷慨。舍车马，保将帅。

花若盛开，蝴蝶自来；你若精彩，天自安排。机不可失，时不再来。运到时来，铁树花开。位尊身危，财多命殆。既有来龙，必有去脉。审时度势，趋利避害。和气生财，忤逆生灾。吃一回亏，学一回乖。公平买卖，和气生财。精诚所至，金石为开。眉头一皱，计上心来。子教婴孩，妇教初来。姥姥不疼，舅舅不爱。言无阴阳，行无内外。慈不掌兵，义不主财。承前启后，继往开来。笑口常开，青春常在。雨过天晴，苦尽甘来。萝卜白菜，各有所爱。男人不坏，女人不爱。男不做媒，女不保债。来者不善，善者不来。奸雄割恩，英雄割爱。客不离货，财不露白。政从正出，财自才来。小钱不出，大钱不来。受人钱财，替人消灾。财是怨府，贪为祸胎。贪根不拔，苦树常在。惹祸招灾，问罪应该。钱是奴才，用了还来。忍耐忍耐，家财还在。无奈无奈，瓜皮当菜。地要多买，屋要少盖。家鬼不怪，野鬼不来。见怪不怪，其怪自败。事以密成，语以泄败。苦尽甘来，否极还泰。千卖万卖，折本不卖。卒子过河，意在吃帅。皇天无亲，唯德是辅；民心无常，唯惠之怀。乐不可极，乐极生悲；欲不可纵，纵欲成灾。好游山水，其人多寿，有诗书气，生子必才。让他三分，何等清闲；容忍片刻，何等自在。官不私亲，法不遗爱，上下无事，唯法所在。虽到长城，未必好汉；不遭白眼，则为庸才。过去未来，不如现在。把握现在，开创未来。

能让终有益，忍气免伤财。暗中休使箭，乖里放些呆。天有阴有晴，事有成有败。世俗有险易，时运有盛衰。不将辛苦易，难近世间财。兵败如山倒，胜者似潮来。只听楼板响，不见人下来。摔了个跟斗，捡了个明白。一花一世界，一叶一如来。菩提本无树，明镜亦非台，本来无一物，何处惹尘埃。但求心无愧，不怕有后灾。人好不用乖，心好不用斋。一正压百邪，少见必多怪。信步行将去，随天吩咐来。事了拂衣去，功成退身来。出丁不出财，三年祸就来。爱火不爱柴，火从哪里来。诚实人常在，滑头鬼必败。欲寡精神爽，思多血气衰。任凭风浪险，稳坐钓鱼台。读书原是福，饮酒亦需才。喝酒不吃菜，必定醉得快。好花不常开，好景不常在。白日莫闲过，青春不再来。火车跑得快，全靠车头带。弯舵船就转，拔篷船行快。要得夜明珠，就得下大海。有了满腹才，不怕运不来。有果必有因，有利必有害。时来谁不来，时不来谁来。无心求富贵，富贵逼人来。手中没有米，叫鸡鸡不来。狐狸再狡猾，市上有皮卖。学问勤中得，富裕俭中来。礼多人不怪，钱多是祸胎。不是你的财，别落你的袋。怕见的是怪，难躲的是债。怕鬼鬼作怪，打鬼鬼不来。老人鉴既往，少年望将来。亲友不共财，共财不往来。宁可卖了悔，休要悔了卖。宁可无钱使，不可骗人财。家无读书子，官从何处来。贤妇令夫贵，恶妇令夫败。村村皆画本，处处有诗材。戏场小天地，人生大舞台。

万事有张有弛，万物有盛有衰。兴盛时更谨慎，暴怒时能忍耐。再穷无非讨米，不死总要发财。树不打权要歪，人不教育要栽。宠子未有不骄，骄子未有不败。君子相送以言，富人相送以财。鸡犬之声相闻，老死不相往来。诸肉不如猪肉，百菜不如白菜。无功受禄生祸，不义之财是灾。两刃相迎俱伤，两强相敌俱败。偷来的财易尽，买来的官易坏。买不来有钱在，卖不出有货在。学而不思则罔，思而不学则殆。知识改变命运，教育成就未来。

樱桃好吃树难栽，不下苦功花不开。春色满园关不住，一枝红杏出墙来。莫言春色无人赏，野草花开蝶也来。诚知此恨人人有，贫贱夫妻百事哀。娶妻娶德不娶色，交友交心不交财。世事多因忙里错，好人半自苦中来。能经天磨真好汉，不受人妒是庸才。天生我材必有用，千金散尽还复来。得势休把别人踩，失宠莫将别人怪。天堂有路你不走，地狱无门你闯来。粗茶淡饭便是福，花天酒地应为灾。贪污腐化死得快，两袖清风福寿来。洁身自爱莫贪财，心无污垢颜常开。钻深山修身养性，出古洞名扬四海。

上梁不正下梁歪，中梁不正倒下来。

莫将闲话当闲话，往往事从闲话来。

千重浪里平安过，百尺竿头稳下来。

宝剑锋从磨砺出，梅花香自苦寒来。

健忘是一种病态，善忘是一种心态。

问渠哪得清如许，为有源头活水来。

路从绝处开生面，人到后来看下台。

国不可一日无主，军不可一日无帅。

运筹于帷幄之中，决胜于千里之外。

少小离家老大回，乡音无改鬓毛衰。

一头白发催将去，万两黄金买不来。

好花难种不常开，少年易老不重来。

时到天亮方好睡，人到老来才学乖。

解名尽处是孙山，贤郎更在孙山外。

快乐每从辛苦得，便宜多自吃亏来。

烂锅自有烂锅盖，丑人自有丑人爱。

豪门有利人争去，陋巷无权人不来。

平生何以失意苦，人间自有真情在。

万恶皆由私字起，千好都从公字来。

忽如一夜春风来，千树万树梨花开。

天井砍树倒不下，床底弄斧展不开。

书卷莫教春色老，柴门不为俗客开。

怀才不遇世上有，世界终归纳英才。

我劝天公重抖擞，不拘一格降人才。

藏书万卷可教子，遗金满籝常作灾。

宝贵光阴静里去，高深学问苦中来。

书当快意读易尽，客有可人期不来。

文章真处性情见，谈笑深时风雨来。

之乎者也矣焉哉，用得成章好秀才。

好书不厌看还读，益友何妨去复来。

匡衡凿壁偷光读，苏秦刺股终成才。

凡事向认真上做，为人从吃苦中来。

灾祸能从地上出，幸福不从天上来。

略尝辛苦方为福，不作聪明便是才。

严是爱，宠是害，不管不教要变坏。终身疾病，恒从新婚造起；盖世勋猷，多是老成建来。藤杖一条，提得起才放得下；禅门两扇，看不破便打不开。用人不宜刻，刻则思效者去；交友不宜滥，滥则贡谀者来。衙门八字开，有理无钱莫进来。天灾不时有，谁家挂得免战牌。气不和时少说话，出言必失；心不顺时莫做事，做事必败。柴米油盐酱醋茶烟，除却神仙少不得；孝悌忠信礼义廉耻，无须铜钱可做来。事莫虚应，应则必办，不办便结怨；愿莫轻许，许愿必还，不还便成债。为名忙，为利忙，忙里偷闲，喝杯茶去；劳心苦，劳身苦，苦中作乐，拿壶酒来。

匡衡凿壁偷光读　苏秦刺股终成才

居处恭，执事敬，接众和，与人忠。有好客，无好东，会做客，莫劳东。虾不跳，水不动。头要冷，脚要热，心要平，气要通。睡如弓，立如松，行如风，声如钟。

金玉其外，败絮其中。人面相似，人心不同。内正其心，外正其容。源清流洁，本盛木荣。儿要自养，谷要自种。花钱要紧，穿衣要松。飞得不高，跌得不重。得命思财，疮好忘痛。不勤于始，将悔于终。自知者英，自胜者雄。瞒病必死，瞒账必穷。不懂装懂，永世饭桶。大道之行，天下为公。内无妄思，外不妄动。人心可恕，天理难容。旗开得胜，马到成功。学贵心悟，守旧无功。华而不实，虚而无用。祖在国在，话通情通。

百事粗通，样样稀松。养心在静，养身在动。有静有动，无病无痛。百花盛开，万紫千红。项庄舞剑，意在沛公。此而可忍，孰不可容。宁可身冷，不可心冷；宁可人穷，不可志穷。大怒不怒，大喜不喜，可以养心；靡俗不交，恶党不入，可以立身；小利不争，小忿不发，可以和众。骨肉相残，煮豆燃萁；兄弟相爱，灼艾分痛。树大招风，气大遭凶。理直气壮，理屈词穷。八仙过海，各显神通。

人无千日好，花无百日红。树高归于根，功高归于公。忠臣不必亲，亲臣不必忠。君子交有义，不必常相从。座上客常满，杯中酒不空。政声人去后，民意闲谈中。以身教者从，以言教者讼。理字不多大，千人抬不动。

子将父做马，父望子成龙。你立你的功，我撞我的钟。当一天的僧，撞一天的钟。深山藏虎豹，乱世出英雄。头雁顶着风，群雁跟着冲。扇子有清风，时时在手中。法律不能松，松了乱哄哄。金越烧越红，人越干越雄。牙不剔不稀，耳不掏不聋。脑子怕不用，身子怕不动。身不离劳动，心不离群众。识高能量大，气盛则声宏。白云朝夕异，明月古今同。贫者士之常，死者人之终。文章千古好，宦海一时荣。和人路路通，惹人头碰痛。劝人终有益，唆讼两头空。得志莫像龙，失志莫像虫。识真方知假，无奸不显忠。浅人好夸富，贫人好哭穷。江山资俊杰，时势造英雄。满怀心腹事，尽在不言中。台上一分钟，台下十年功。江湖多义士，草莽存英雄。稻怕午时风，人怕老来穷。行船趁顺风，打铁趁火红。干活不随东，累死也无功。荷包七个洞，赚钱不够用。饱不宰母鸡，饿不吃谷种。木不凿不通，人不学不懂。不怕少年苦，只怕老来穷。人老心不老，人穷志不穷。勤俭是美德，劳动最光荣。生当作人杰，死亦为鬼雄。青山依旧在，几度夕阳红。古今多少事，都付笑谈中。

弯弓折于过紧，思想堕于过松。土地贵在耕种，知识贵在运用。士为知己者死，女为悦己者容。智者顺时而谋，愚者逆理而动。一锹挖不出井，一笔画不成龙。宁撞金钟一响，不擂破鼓千通。群众眼睛雪亮，英雄所见略同。有理尽管胆大，无私何妙心雄。取士务求实学，当官先在公忠。受享不逾分外，修持不减分中。不自是而露才，不轻试以幸功。戏法人人会变，各有巧妙不同。厚积不如薄取，滥求不如减用。跳出三界之外，不在五行之中。

立志须从千载想，闲谈莫过五分钟。水中捞月白费力，竹篮打水一场空。处世唯爱真善美，施政最忌假大空。一等二靠三落空，一想二干三成功。东方不亮西方亮，一理能通百理通。有钱四十称老翁，无钱七十逞英雄。板凳要坐十年冷，文章不可一句空。横看成岭侧成峰，远近高低各不同，不识庐山真面目，只缘身在此山中。身无彩凤双飞翼，心有灵犀一点通。猪圈岂生千里马，花盆难养万年松。

为人莫学墙头草，要做石山一棵松。

他卖韭菜我卖葱，各人买卖不相同。

时人莫小池中水，浅处不妨有卧龙。

莫道草庐无俊杰，须知山泽起英雄。

腰中有钱腰不软，手里无钱手难松。

好药难治冤孽病，好话难劝糊涂虫。

笋因落箨方成竹，鱼为奔波始化龙。

无名春草年年绿，不信男儿世世穷。

涉浅水者得鱼虾，涉深水者擒蛟龙。

娇生惯养误子女，文过饰非害无穷。

事多妙在不言处，功自成于无形中。

自古骄兵多致败，从来轻敌少成功。

举世不知何足怪，力行无顾是豪雄。

但见时光流似箭，岂知天道曲如弓。

一心想赶两只兔，到头落得两手空。

事当难处退一步，功到将成莫放松。

吴王事事堪亡国，未必西施胜六宫。

善做者不必善成，善始者不必善终。

处世九思当守紧，立身三省莫放松。

富贵不淫贫贱乐，男儿到此是豪雄。

兵在精而不在多，将在谋而不在勇。

棋逢敌手难藏幸，将遇良才好用功。

千年事业方寸内，万里乾坤掌握中。

无欲常教心似水，有言自觉气如虹。

年年岁岁花相似，岁岁年年人不同。

一回相见一回老，能得几时为弟兄。

天上众星皆拱北，世间无水不朝东。

葵花向日是本性，爱国之心人所同。

做事须用十分力，闲谈毋过五分钟。

万物静观皆自得，四时佳兴与人同。

用心事自无难易，行道人当有始终。

忠臣视死无难色，烈女临危有笑容。

马革裹尸英雄事，虽死犹生身后荣。

除去一死无大难，人到要饭无再穷。

能大能小是条龙，只大不小是条虫。忍难忍处方是忍，容可容人未是容。待人要和中有介，处事要方中有圆，行事要精中有果，认理要正中有通。运到盛时须警省，境当逆处要从容。多行不义必自毙，多做好事有善终。思及生死万念冷，任其自然百事通。看尽人间兴废事，不曾富贵不曾穷。乐观主义心如海，大公无私气若虹。

一日练，一日功，一日不练十日空。吃不穷，喝不穷，不会算计一世穷。龙生龙，凤生凤，老鼠生崽会打洞。不可一时之失坠志，不可一时之得称雄。浮躁一分，到处便招尤悔；因循二字，从来误尽英雄。烈火焚时，不损良金璞玉；严霜降处，难伤翠竹青松。墙上芦苇，头重脚轻根底浅；山间竹笋，嘴尖皮厚腹中空。置身事外，谁都可以心平气和；身处其中，谁还可以淡定从容。不安于小成，然后足以成大事；不诱于小利，然后可以立远功。清慎勤三字铭心，唯恐清而不明，慎而不决，勤而不能持久；情理法一官在手，须知情有可原，理有可恕，法有可以变通。

八仙过海　各显神通

有老王，烦老王；无老王，想老王。人是铁，饭是钢。穷灶门，富水缸。动为纲，素为常，酒少量，莫愁肠。气忌躁，心忌粗，才忌露，名忌扬，学忌满，言忌浮，恶忌阴，善忌阳。

剑老无芒，人老无刚。男儿无刚，不如粗糠。明枪易躲，暗箭难防。手中有粮，心里不慌。真穷好过，假富难当。善必寿考，恶必早亡。明修栈道，暗度陈仓。官大有险，权大生谤。人穷志短，马瘦毛长。穷莫失志，富莫癫狂。嬉笑怒骂，皆成文章。感心动耳，荡气回肠。财大气粗，艺高口狂。眼观六路，耳听八方。大势所趋，人心所向。英雄气短，儿女情长。有福同享，有难同当。母大儿肥，种好苗壮。

二虎相斗，必有一伤。事从两来，
莫怪一方。尺有所短，寸有所长。
勿攻人短，莫矜己长。人靠衣装，
佛靠金装。不卑不亢，落落大方。
恶不可积，过不可长。宁可认错，
不可说谎。施惠勿念，受恩莫忘。
从小离娘，到大话长。外贼易打，
内奸难防。有病早治，无病早防。
早起三光，晏起三慌。忙者不会，
会者不忙。读书须讲，学艺要想。
得人者昌，失人者亡。彩云易散，
好梦难长。英雄肝胆，菩萨心肠。
量小气大，发短心长。说话人短，
记话人长。德随量进，量由识长。
见义勇为，当仁不让。顺天者存，
逆天者亡。真味是淡，至人如常。
风大就凉，人多就强。洪钟无声，

满瓶不响。柔能制刚，弱能胜强。
栽花傍墙，养女像娘。大无好样，
小无好相。百足之虫，至死不僵。
猫急上树，狗急跳墙。朋友相帮，
地久天长。予人玫瑰，手有余香。
读书不想，隔靴搔痒。不会念经，
莫做和尚；不会上鞋，莫做皮匠。
一切言动，都要安详，十差九错，
只为慌张。食不过饱，饮不过量，
冬不极温，夏不极凉。要知亲恩，
看你儿郎；要求儿顺，先孝爹娘。
清清之水，为土所防；济济之士，
为酒所伤。蓬蒿之下，或有兰香；
茅茨之屋，或有公王。得意之事，
不可再做；得便宜处，不可再往。
礼义廉耻，国之四维；四维不张，
国乃灭亡。天下熙熙，皆为利来；

天下攘攘，皆为利往。刻薄成家，理无久享；伦常乖舛，立见消亡。海纳百川，有容乃大；壁立千仞，无欲则刚。坚持不懈，久炼成钢。好好学习，天天向上。

忠心天地鉴，诚意江河长。铁肩担道义，妙手著文章。得意走官场，失意写文章。酒无千日醉，事有百年忙。乾坤容我静，名利任他忙。淡中交耐久，静里寿延长。岁去人头白，秋来树叶黄。狡吏不畏刑，贪官不避赃。水至清易污，人至清遭谤。守廉终受益，为善总呈祥。谦可平人怒，让可息祸殃。坐吃如山崩，游嬉则业荒。空谈必误国，实干定兴邦。无衣不下床，无饭走四方。在家不商量，出外无主张。一籽洒落地，万石粮归仓。疏懒人没吃，勤俭粮满仓。名高毁所集，言巧智难防。芙蓉好颜色，可惜不禁霜。公土打公墙，有理走四方。当官不贪赃，神鬼不敢傍。因嫌纱帽小，致使锁枷扛。秀才不入社，做官不结党。男怕入错行，女怕嫁错郎。自家心里急，他人不知忙。幸逢闲岁月，潇洒度时光。射人先射马，擒贼先擒王。先下手为强，后下手遭殃。喝酒不过量，玩笑要适当。醉里乾坤大，壶中日月长。家贫儿吃苦，儿多母遭殃。天亮睡不久，老来命不长。前门方拒虎，后门又进狼。一粒老鼠屎，搞坏一锅汤。坏人不可怕，小人最难防。易寻无价宝，难得有情郎。酒肉朋友短，患难夫妻长。夫妻相和好，琴瑟与笙簧。欢娱嫌夜短，寂寞恨更长。山上树木光，山下走泥浆。天寒知被薄，忧思知夜长。山中无老虎，猴子称大王。不是武二郎，不过景阳冈。怪人须在腹，相见又何妨。见善如不及，见恶如探汤。坏人会装腔，豺狼会装羊。触来莫与说，事过心清凉。儿大不由爹，女大不由娘。自己的文章，人家的婆娘。曹操诸葛亮，脾气不一样。有功不自恃，栽树不乘凉。没有汗珠淌，哪来饭菜香。富家一席酒，穷汉半年粮。心安茅屋稳，胃好菜根香。身正影子端，心静自然凉。客至心常热，人走茶不凉。海为龙世界，天是鹤家乡。富若不教子，钱财必消亡；贵若不教子，惹事恼爹娘。一个巧皮匠，没有好鞋样；两个笨皮匠，彼此有商量；三个臭皮匠，胜过诸葛亮。月缺不改光，剑折不改刚，竹死不变节，花落有余香。人不可貌相，水不可斗量。将相本无种，男儿当自强。

不贪无媚无谄，不苟无惧公堂，不怒百神和畅，不恼心地清凉。宁可荤口念佛，莫将素口骂娘。瓜儿离不开秧，孩儿离不开娘。小儿见了亲娘，无事也哭一场。好兄弟高打墙，好亲戚远离乡。好鼓一打就响，好灯一拨就亮。见了兔子开枪，见了老虎上香。一人烦恼一样，无人烦恼相像。功高莫如救驾，计毒莫过绝粮。盖屋离不了梁，安窗离不了墙。烂泥糊不上壁，朽木当不了梁。师如春风化雨，我如桃李芬芳。学在一人之下，用在万人之上。大家做事寻常，小家做事慌张。居身务期质朴，训子要有义方。宁可锅里存放，切莫肚里傻胀。河有九曲八弯，人有三衰六旺。青年饱经忧患，老来不畏风霜。只有大意吃亏，没有小心上当。有灯掌在暗处，有钢使在刃上。英雄出于四野，好汉长在八方。圣人有人诽谤，恶魔有人颂扬。口上仁义道德，心里男盗女娼。律身唯廉为宜，处世以诚为尚。荣华是草上露，富贵是瓦头霜。

乌云遮不住太阳，冰雪锁不住春光。群雁无首难成行，羊群走路看头羊。马虽有千里之能，无人则不能自往。走马有个前蹄失，急水也有回头浪。卷中新句诚堪喜，身外浮名不足忙。神农尝药千千万，无一可治断肠伤。贫无达士将金赠，病有高人说药方。

爽口食多偏作病，快心事过恐生殃。

豪华尽出成功后，逸乐安知与祸双。

铁不锤炼不成钢，人不运动不健康。

有人辞官归故里，有人漏夜赶科场。

无求便是安心法，不饱真为却病方。

察见渊鱼者不祥，知人隐私者遭殃。

各人自扫门前雪，不管他人瓦上霜。

有无不争家之乐，上下相亲国乃康。

花经雨后香微淡，松到秋深色尚苍。

谈为我辈寻常事，笑是人间不老方。

人遇误解休怨恨，事逢得意莫轻狂。

小人常因财色死，禽鸟多为贪食亡。

天下乌鸦一般黑，地上虎狼皆吃羊。

大海无风三尺浪，大海有风浪三丈。

一家饱暖千家怨，万世机谋二世亡。

长城万里今犹在，不见当年秦始皇。

耳聪不学犹如聋，目明不学近乎盲。

舌为柔和终不损，齿因坚硬必遭伤。

瓦罐不离井上破，将军难免阵前亡。

花木立世皆素雅，人生清白尽芬芳。

事以利人皆德业，言能益世即文章。

教子不当儿遭殃，教子有方儿争光。

大家礼义教子弟，小家凶恶训儿郎。

从来清白无遗祸，自古贪争有后殃。

千回对了无人记，一回做错无人忘。

初生牛犊不怕虎，长出犄角倒怕狼。

莫笑当年小麻雀，如今变成金凤凰。

富人家日子好过，穷人家孩子好养。

少年夫妻老来伴，金婚银婚日月长。

知道我外面形状，不知我肚内文章。

非名山不留僧住，是真佛直说家常。

家花没有野花香，野花哪有家花长。

贫贱之交不可忘，糟糠之妻不下堂。

世事洞明皆学问，人情练达即文章。

风流不在谈锋胜，袖手无言味最长。

好歌无谱人传唱，好人无碑世流芳。

为有牺牲多壮志，敢教日月换新装。

两袖清风存正气，一间陋室透书香。

万事莫如为善乐，百花争比读书香。

秋至满山多秀色，春来无处不花香。

平生只会说人短，何不回头把己量。

隐逸林中无荣辱，道义路上泯炎凉。

山顶有花山下香，桥下有水桥面凉。

不知民情难为相，不知地形难为将。

风平浪静不丢桨，国泰民安不丢枪。

一味平安方是福，万般怪异总非祥。

慈悲胜念千声佛，作恶空烧万炷香。

人历贫贱识冷暖，身经富贵知炎凉。

精神乐观身自健，夜里愁多梦不香。

但得五湖明月在，春来依旧百花香。

好汉做事好汉当，莫叫旁人遭祸殃。

牢骚太盛防肠断，风物长宜放眼量。

若能杯水如名淡，应信村茶比酒香。

不经一番寒彻骨，怎得梅花扑鼻香。

多个朋友多条路，少个冤家少堵墙。

龙归晚洞云犹湿，麝过春山草木香。

一日春工十日粮，十日春工半年粮。

生姜还是老的辣，八角也是老的香。

井淘三遍吃水甜，人从三师武艺强。

君不正臣投外国，父不慈子奔他乡。

国有贤臣安社稷，家无逆子恼爹娘。

说书唱戏劝人方，三条大道走中央，

善恶到头终有报，人间正道是沧桑。

天苍苍，野茫茫，风吹草低见牛羊。马要骑，人要闯，生铁不炼不成钢。天可度，地可量，唯有人心不可防。菜能吃，糠能吃，气不能吃；

吃能让，穿能让，理不能让。没有爱情生活不甜，没有阳光花儿不香。豁不出肉疼治不好疮，舍不得孩子套不着狼。打鱼的人经得起狂风巨浪，打猎的人哪会怕虎豹豺狼。不卑不亢，仪容固宜有度；谦虚恭让，语言尤贵有章。话虽已到嘴边，三思更好；事纵放得心下，再慎何妨。读书之时读书，则其学必精；游散之时游散，则其体必强。言易招尤，对亲友少说两句；书能化俗，教儿孙多读几行。金杯银杯，不如老百姓口碑；金奖银奖，不如老百姓夸奖。失意时得罪人，可在得意时弥补；得意时得罪人，难在失意时补偿。

不是武二郎　不过景阳冈

大巧若拙，大智若愚，大辩若讷，大成若缺。吃饭防噎，走路防跌。贼偷一更，防贼一夜。直木先伐，甘井先竭。官有公法，民有私约。事出反常，必有妖孽。三分靠教，七分靠学。不知理义，生于不学。立身一败，万事皆裂。余音绕梁，三日不绝。友要长交，账要短结。交浅言深，君子所戒。送君千里，终须一别。

事成于和睦，力生于团结。月有圆有缺，人有聚有别。冤家不可结，结了无休歇。一正辟三邪，人正辟百邪。心随朗日高，志与秋霜洁。时势造英雄，乱世出豪杰。萝卜上了街，药方把嘴噘。刮风走小巷，下雨走大街。过了清明节，插秧不停歇。

无例不可兴，有例不可灭。木无本必枯，水无源必竭。常在河边走，哪能不湿鞋。刀钝石上磨，人笨人前学。就业要敬业，敬业有事业。透得名利关，只是小休歇；透得生死关，方为大休歇。谗言不可听，听之祸殃结，君听臣遭诛，父听子遭灭，夫妇听之离，兄弟听之别，朋友听之疏，亲戚听之绝。

非学无以广才，非静无以成学。不患老而无成，只怕幼而不学。知心还是老友，服脚还是旧鞋。人有悲欢离合，月有阴晴圆缺。人因一时之私，每致身败名裂。宜从大处着墨，莫向针头削铁。宁可穷而有志，不可富而失节。吃得粗茶淡饭，自然冰清玉洁。

五岳归来不看山，黄山归来不看岳。好雁总是领头飞，好马总是先出列。心中有事心中怯，心中无事硬如铁。求名心切必作伪，求利心重必趋邪。话不能说得太损，事不能办得太绝。愿我如星君如月，夜夜流光相皎洁。三十功名尘与土，八千里路云和月。善小何妨多积点，话真还要少说些。根深不怕风摇动，树正何愁月影斜。朋友可敬不可谄，冤家宜解不宜结。雄关漫道真如铁，而今迈步从头越。芝兰生于深林，不以无人而不芳；君子修其道德，不为穷困而改节。春有百花秋有月，夏有凉风冬有雪，若无闲事挂心头，便是人间好时节。

时势造英雄 乱世出豪杰

别人夸，一朵花；自己夸，豆腐渣。常喝茶，少烂牙。话激话，没好话。

弓既在手，箭在必发。水涨船高，泥多佛大。春风不刮，杨柳不发。德润人心，文化天下。文章颂世，道德传家。克勤于邦，克俭于家。麻布绣花，底子太差。饿死事小，失节事大。悠悠万事，唯此为大。好人怕夸，坏人怕扒。王婆卖瓜，自卖自夸。红口白牙，尽说假话。酒陈性足，姜老味辣。鼓空声大，人狂话大。当着矮人，别说短话。骨头丢下，群狗打架。官差吏差，来人不差。男大分家，女大出嫁。传言过话，自讨挨骂。先抓西瓜，后捡芝麻。胆大如斗，心细如发。善不妄来，灾不空发。开卷有益，作善祥达。民要安家，官不修衙。山靠绿化，人靠文化。为善最乐，读书更佳。大成之人，越夸越怕；小就之人，见夸就炸。相爱成家，勤俭持家，和顺兴家，忠厚传家。得忍且忍，得耐且耐，不忍不耐，小事成大。

痒要自己抓，好要别人夸。身静养指甲，心静养头发。高山有靓女，平地有好花。云是雨之母，苦是乐之家。有根才开花，无蔓不结瓜。嫁得浮云婿，相随即是家。吃饭不说话，酒醉不骑马。一天省一把，十年买匹马。官尊者忧深，禄重者责大。莫思山里鸟，养好盆中花。多读两行书，少说一句话。无嗔即是戒，心净即出家。疯子说瞎话，瞎子说梦话。

人生须广大，勿作井中蛙。要想闯天下，学好普通话。

牛无力拉横耙，人无理说横话。火不旺烟就黑，人无能口气大。不怕红脸关公，就怕抿嘴菩萨。你嫌我的脸黑，我嫌你的脚大。时来扁担开花，运去生姜不辣。多读胸中有主，多写笔下生花。茄子不开空花，男儿不说空话。船稳不怕风大，有理行遍天下。处常时胆要小，处变时胆要大。穷则独善其身，达则兼济天下。贪了人家个花，害了自己个家。虽有近戚远亲，谁肯雪中送炭；不拘张三李四，都来锦上添花。

不见太阳霉气大，不见世面娇气大。锦堂客至三杯酒，茅舍人来一盏茶。休恋故乡生处好，受恩深处便为家。池塘积水须防旱，田土深耕足养家。成家犹如针挑土，败家好似水推沙。落红不是无情物，化作春泥更护花。年年难过年年过，处处无家处处家。人因爱富常离我，春不嫌贫又到家。初见时小人不小，混熟后大人不大。天上下雨地上滑，各自跌倒各自爬。莫学蜘蛛各牵网，要学蜜蜂共采花。不学麻雀蹲屋角，要学雄鹰战天涯。野狗须作豺狼打，笨猪要当狐狸抓。娶妇娶贤不娶贵，择婿择人不择家。虚心竹有低头叶，傲骨梅无仰面花。羊随羊群不挨打，人随大流不挨罚。夫妻面前不说真，朋友面前莫说假。过客不须频问姓，读书声里是我家。苍龙日暮还行雨，老树春深更著花。

青蘋一点微微发，万树千枝和根拔。

非义之财不着家，未曾到手祸先发。

本大利小利不小，本小利大利不大。

小知不可使谋事，小忠不可使主法。

书画琴棋诗酒花，柴米油盐酱醋茶。

枕上诗书闲处好，门前风景雨来佳。

见贫休笑富休夸，谁是常贫久富家。

看得多知识增加，写得多笔下生花。

想开了自然微笑，看破了肯定放下。

早成者未必有成，晚达者未必不达。

善似青松恶似花，花笑青松不如她，

但经一场霜雪后，只见青松不见花。

大象病了千斤重，骆驼瘦死大过马。

狗熊嘴大啃西瓜，麻雀嘴小啄芝麻。

一子一女一枝花，多儿多女累死妈。

功名富贵草上露，骨肉团圆锦上花。

明人不算命相面，君子不求签问卦。

名誉自屈辱中彰，德量自隐忍中大。

人望聪明分大小，我看糊涂有真假。

莲花出在淤泥下，人才常现贫寒家。

山川峻险景物美，道路艰难福更大。

心专才能绣得花，心静才能织得麻。

能休尘境为真境，未了僧家是俗家。

茶亦醉人何必酒，书能香我不须花。

草若无心不发芽，人若无心不发达。

人家不必论贫富，唯有读书声最佳。

无论海角与天涯，大抵心安即是家。

读了增广会说话，读了幼学知天下。

　　人老奸，马老猾，兔子老了鹰难抓。天不怕，地不怕，就怕吹牛说大话。浪再高，也在船底；山再高，也在脚下。宁跟明白人打一架，不跟糊涂人说句话。羊头上长不出鹿角，狗嘴里吐不出象牙。讲学不尚躬行，为口头禅；立业不思种德，如眼前花。圣人非不好利也，利在于利万人；圣人非不好富也，富在于富天下。舍得一身剐，敢把皇帝拉下马。正心，净口，修身，齐家，治国，平天下。

錦堂客至三杯酒　茅舍人來一盞茶

手里有，别得意；手里无，别丧气。家不和，外人欺。人心齐，泰山移。集众思，广忠益。居移气，动移体。满招损，谦受益。朋友妻，不可欺。惹不起，躲得起。狗咬人，有药治；人咬人，没药医。男子痴，一时迷；女子痴，没药医。玉不琢，不成器；人不学，不知义。

性静情逸，心动神疲。歌以咏言，舞以尽意。穷家难舍，热土难离。有椅靠椅，无椅靠壁。人同此心，心同此理。人生一世，如驹过隙。人在江湖，身不由己。赞赏别人，幸福自己。身有傲骨，胸无傲气。见强不怕，遇弱不欺。杀身成仁，舍生取义。江山易改，本性难移。马老识途，人老识理。贫则见廉，富则思义。

人不为己，顶天立地。有钱出钱，
无钱出力。有计吃计，无计吃力。
恭为德首，慎乃行基。处世之道，
不即不离。道法自然，德配天地。
六经载道，诸子言理。学海无边，
书囊无底。读有字书，识无字理。
三心两意，永不成器。人存政举，
人亡政息。治国之道，爱民而已。
有理无理，先敲自己。狐狸看鸡，
越看越稀。豺狼当道，安问狐狸。
庆父不死，鲁难未已。直不犯祸，
和不害义。受宠若惊，闻过则喜。
休争闲气，日有平西。爱在心里，
狠在面皮。他既负心，我也改意。
看菜吃饭，量体裁衣。不图黎明，
谁肯早起。行行有利，行行有弊。
造烛求明，读书求理。好学深思，

心知其意。将计就计，其计方易。
早睡早起，没病惹你。适可不已，
前功尽弃。攻其无备，出其不意。
上合天心，下乎民意。心口如一，
童叟无欺。少年偏信，老汉多疑。
老不舍心，少不舍力。鞠躬尽瘁，
死而后已。在物为理，处物为义。
辨别是非，认识大体。人怕丢脸，
树怕剥皮。投我以桃，报之以李。
养儿防老，积谷防饥。当面教子，
背后教妻。疑人莫用，用人莫疑。
瘦狗莫踢，病马莫骑。鹬蚌相争，
渔人得利。苍蝇贪甜，死在蜜里。
百无禁忌，诸邪回避。新春举笔，
万事大吉。下笔千言，离题万里。
不怕一万，只怕万一。三十六计，
走为上计。尊重他人，庄严自己；

宽容他人，善待自己。推己及人，设身处地；正己化人，成人达己。和者无仇，恕者无怨，忍者无辱，仁者无敌。冷眼观人，冷耳听语，冷情当感，冷心思理。白日所为，夜来省己，是恶当惊，是善则喜。雨中送伞，雪中送炭，惠不在大，济人之急。老骥伏枥，志在千里；烈士暮年，壮心不已。先学耐烦，切莫使气，性躁心粗，一生不济。饥不择食，寒不择衣，慌不择路，贫不择妻。君子爱财，取之有道；贞妇爱色，纳之以礼。地狱未空，誓不成佛；众生度尽，方证菩提。

好马有力气，好汉有志气。士气不可辱，民意不可欺。口里甜如蜜，心里黑如漆。人穷长力气，人富长脾气。马快在四蹄，人勤在四体。牛眼看人高，狗眼看人低。会说说都市，不会说屋里。夫勤无懒地，妻勤无脏衣。贵人先贱己，先人而后己。卑己而尊人，小心而畏义。树老叶子稀，人老头儿低。树高有鸟栖，才高有人嫉。瓜熟要落蒂，儿大要自立。良善为身福，刚强是祸基。爱重反为仇，薄极翻成喜。图难于其易，为大于其细。小时是兄弟，长大各乡里。人瘦尚可肥，士俗不可医。君子喻于义，小人喻于利。损人不利己，骗人骗自己。不以权谋私，不损公肥己。有理不送礼，送礼必短理。公门暇日少，穷巷故人稀。糖甜不如蜜，棉暖不如皮。饥者易为食，寒者易为衣。少年真可喜，老大百无益。穿破才是衣，到老才是妻。愿得一人心，白头不相离。国乱求良将，家贫思贤妻。亲不过父母，近不过夫妻。夫妻同床睡，人心隔肚皮。供起来是佛，玩起来是泥。奇文共欣赏，疑义相与析。不像不是戏，真像不是艺。公说公有理，婆说婆有理。怕狗被狗欺，怕鬼被鬼迷。人无害虎心，虎有伤人意。嘴巴两张皮，说话不费力。玉波去四点，依旧是王皮。你对人无情，人对你无义。你目中无人，人目中无你。过河莫拆桥，上楼休撤梯。相识图相益，济人须济急。悖入亦悖出，害人终害己。问路不行礼，多走二十里。创业百年难，败家一天易。不怕起点低，就怕不到底。不怕被贼偷，最怕贼惦记。有错不怕改，得病莫忌医。有多大本钱，做多大生意。做事要在理，煮饭要有米。心正邪不扰，身正恶不欺。无酒不成席，无烟没话题。不争闲是非，免劳伤和气。君子坦荡荡，小人长戚戚。工欲善其事，必先利其器。学习不温习，雨过湿地皮。兔子睡大觉，乌龟跑第一。宁笑在最后，不笑在第一。好狗不咬鸡，好汉不打妻。好马不停蹄，好牛不停犁。读书何所求，将以通事理。平意以静神，静神以养气。富贵何欣欣，贫贱何戚戚，一为利所驱，至死不得息。莫饮卯时酒，昏昏醉到酉；莫骂酉时妻，一夜受孤凄。举世好承奉，承奉非佳意，不知承奉者，以尔为玩戏。立志不怕大，做事不怕小；着眼不怕高，着手不怕低。邻富鸡常往，庄贫客渐稀。富贵他人合，贫贱亲戚离。脚跑不过雨，嘴强不过理。起了个五更，赶了个晚集。既读孔圣书，必达周公礼。皆在乾坤内，何须叹别离。他有关门计，我有攀墙梯。好事不出门，恶事传千里；凶吉常相伴，福祸不分离。时间要靠挤，功德要靠积。世情看冷暖，人面逐高低。弯腰做拱桥，立起当人梯。一生勤为本，万代诚作基。

黎明的回笼觉，半路的好夫妻。吃的是盐和米，讲的是情和理。使口不如自走，求人不如求己。富人四季穿衣，穷人衣穿四季。人以有用为贵，物以罕见为奇。报晓的是雄鸡，相帮的是知己。羊有跪乳之恩，鸦有反哺之义。只有累死的牛，没有犁坏的地。与其受人怜悯，不如被人妒忌。治国以和为体，处事以平为基。笋子不割成竹，谷子不收成泥。良吏不管月局，贵人不踏险地。叫往东别往西，叫打狗别骂鸡。杀鸡不用牛刀，捕鼠无须虎力。人生孰不需财，匹夫不可怀璧。将怕阵前失马，人怕老来丧妻。男人应有骨气，女人要有魅力。强迫不成买卖，捆绑不成夫妻。方便让给别人，困难留给自己。高山之上有天，沧海之下有地。不怕百战失利，就怕灰心丧气。不求完全一致，尽可求同存异。身欲出樊笼外，心要在腔子里。默读便于思索，朗读便于记忆。事实胜于雄辩，谎言不敌真理。虽然道路艰辛，贵在自强不息。汗水流在地头，幸福来到家里。

当路莫栽荆棘树，他年免挂子孙衣。为别人掘的陷阱，掉下去的是自己。世上万般哀苦事，无非死别与生离。天长地久有时尽，此恨绵绵无绝期。春天有花更美丽，人生无爱最惨凄。父母恩深终有别，夫妻义重也分离。山中石多真玉少，世上人稠知音稀。一朝谢病还乡里，穷巷苍苔绝知己。久病床前无孝子，久贫家中无贤妻。酒债寻常行处有，人生七十古来稀。老牛自知夕阳短，不用扬鞭自奋蹄。好话说尽不充饥，墙上画马不能骑。浅近轻浮莫与交，地卑只解生荆棘。试玉要烧三日满，辨材须待七年期。一年三百六十日，风刀霜剑严相逼。犯色伤寒犹易活，伤寒犯色最难医。

病到方知身是苦，健时都被五欲迷。

天下百病皆可治，世上俗人无药医。

国不兴无事之功，家不藏无用之器。

恶是犁头善是泥，善人常被恶人欺，
铁打犁头年年坏，未见田中换烂泥。

一时强弱在于力，千秋胜负在于理。

书有未观皆可读，事经已过不须提。

多读书以养胆气，顺时令以养元气。

无理说声对不起，有理休把别人欺。

山高遮不住太阳，官大压不倒乡里。

拍人屁股挨人批，拍马屁股挨马踢。

英雄失时把头低，凤凰落架不如鸡，
狮子落毛惹猴笑，猛虎下山被犬欺。

麻雀落田要吃谷，狐狸进屋要偷鸡。

马有四蹄走千里，人有两手创奇迹。

节约好比燕衔泥，浪费好比河决堤。

三岁打父父欢喜，长大打父无道理。

父老奔驰无孝子，要知母贤看儿衣。

家里不和邻里欺，夫妻不和扯破衣。

羊肉饺子清炖鸡，黎明瞌睡半夜妻。

不是精肉不巴骨，不是肥肉不巴皮。

猛虎虽猛犹可喜，横行只在深山里。

公道达而私门塞，公义明而私事息。

劝君出语须诚实，口舌从来是祸基。

立身要争一口气，处世要忍一口气。

万丈高楼平地起，有志不怕出身低。

大鹏一日同风起，扶摇直上九万里。

人恶人怕天不怕，人善人欺天不欺。

不怕别人看不起，就怕自己不争气。

十个指头有长短，荷花出水有高低。

闭眼难见三春景，出水才看两腿泥。

莫道举世无知己，有才庸人皆妒忌。

为人莫做千年计，三十河东四十西。

一人说话常有理，二人说话有对比，

三人说话见高低，众人说话是真理。处事何妨真面目，待人总要大肚皮。一双冷眼看世人，满腔热血酬知己。没有永恒的敌人，只有永恒的利益。军民团结如一人，试看天下谁能敌。

家常饭，粗布衣，知寒知暖自己妻。牛要盘，马要骑，孩子不教就调皮。一张嘴，两片皮，说好说坏都是你。今日事，今日毕，留到明日更着急。身体是事业的本钱，智慧是攀登的阶梯。知识是心灵的甘露，书籍是进步的阶梯。跟什么人学什么艺，跟黄鼠狼学会偷鸡。和尚有和尚的经书，强盗有强盗的逻辑。天下最无私者父母，世间最难得者兄弟。男家女家都可落户，女儿女婿一样可依。天上有易散之彩云，天下无不散之筵席。

人为善，福虽未至，祸已远离；人为恶，祸虽未至，福已远离。看明世事透，自然不重功名；认得当下真，是以常寻乐地。授人以鱼，则一日不饥；授人以渔，则终身不饥。以义为主，得在其中矣；以利为主，害在其中矣。恩宜广施，人生何处不相逢；冤仇莫结，路逢狭处难回避。世路风霜，吾人炼心之境；世情冷暖，吾人忍性之地。笑古笑今，笑东笑西，笑南笑北，笑来笑去，笑自己原是少知少识；观事观物，观天观地，观日观月，观来观去，观他人总是有见有地。

圣贤言语，雅俗并集。字字句句，蕴涵哲理。今韵增订，宜诵易记。人能体此，终身受益。